Das 2. Gesetzbuch
aus dem Alten Testament der Bibel

Das 2. Buch Mose

Exodus

Wie Gott das Volk Israel aus der ägyptischen Sklaverei befreite

Von Mose, den 10 Plagen, dem Auszug aus Ägypten, der Teilung des Meeres, den 10 Geboten, Gottes Erscheinen, dem Orakelschild und der Gespräche mit Gott, der Bundeslade und dem goldenen Kalb

Übersetzung nach Martin Luther 1545

Bibliografische Information der Deutschen Nationalbibliothek:
Die Deutsche Nationalbibliothek verzeichnet diese Publikation in der Deutschen Nationalbibliografie; detaillierte bibliografische Daten sind im Internet über http://dnb.dnb.de abrufbar.

TWENTYSIX – Der Self-Publishing-Verlag
Eine Kooperation zwischen der Verlagsgruppe Random House und BoD – Books on Demand

Herstellung und Verlag:
BoD – Books on Demand, Norderstedt

ISBN: 978-3-740-77145-4

Übersetzung: **Martin Luther 1545**

Layout, Schriftsatz, Formatierung:
Antonia Katharina Tessnow
www.antonia-katharina.de

1. Kapitel

*Wachstum und Bedrängnis
der Kinder Israel in Ägypten*

1 Dies sind die Namen der Kinder Israel, die mit Jakob nach Ägypten kamen; ein jeglicher kam mit seinem Hause hinein:

2 Ruben, Simeon, Levi, Juda,

3 Isaschar, Sebulon, Benjamin,

4 Dan, Naphthali, Gad, Asser.

5 Und aller Seelen, die aus den Lenden Jakobs gekommen waren, deren waren siebzig. Joseph aber war zuvor in Ägypten.

6 Da nun Joseph gestorben war und alle seine Brüder und alle, die zu der Zeit gelebt hatten,

7 wuchsen die Kinder Israel und zeugten Kinder und mehrten sich und wurden sehr viel, daß ihrer das Land voll ward.

8 Da kam ein neuer König auf in Ägypten, der wußte nichts von Joseph

9 und sprach zu seinem Volk: Siehe, des Volks der Kinder Israel ist viel und mehr

als wir.

10 Wohlan, wir wollen sie mit List dämpfen, daß ihrer nicht so viel werden. Denn wo sich ein Krieg erhöbe, möchten sie sich auch zu unsern Feinden schlagen und wider uns streiten und zum Lande ausziehen.

11 Und man setzte Fronvögte über sie, die sie mit schweren Diensten drücken sollten; denn man baute dem Pharao die Städte Pithon und Raemses zu Vorratshäusern.

12 Aber je mehr sie das Volk drückten, je mehr es sich mehrte und ausbreitete. Und sie hielten die Kinder Israel wie einen Gräuel.

13 Und die Ägypter zwangen die Kinder Israel zum Dienst mit Unbarmherzigkeit

14 und machten ihnen ihr Leben sauer mit schwerer Arbeit in Ton und Ziegeln und mit allerlei Frönen auf dem Felde und mit allerlei Arbeit, die sie ihnen auflegten mit Unbarmherzigkeit.

15 Und der König in Ägypten sprach zu den hebräischen Wehmüttern, deren eine hieß Siphra und die andere Pua:

16 Wenn ihr den hebräischen Weibern

helft, und auf dem Stuhl seht, daß es ein Sohn ist, so tötet ihn; ist's aber eine Tochter, so laßt sie leben.

17 Aber die Wehmütter fürchteten Gott und taten nicht, wie der König von Ägypten ihnen gesagt hatte, sondern ließen die Kinder leben.

18 Da rief der König in Ägypten die Wehmütter und sprach zu ihnen: Warum tut ihr das, daß ihr die Kinder leben lasset?

19 Die Wehmütter antworteten Pharao: Die hebräischen Weiber sind nicht wie die ägyptischen, denn sie sind harte Weiber; ehe die Wehmutter zu ihnen kommt, haben sie geboren.

20 Darum tat Gott den Wehmüttern Gutes. Und das Volk mehrte sich und ward sehr viel.

21 Und weil die Wehmütter Gott fürchteten, baute er ihnen Häuser.

22 Da gebot Pharao allem seinem Volk und sprach: Alle Söhne, die geboren werden, werft ins Wasser, und alle Töchter laßt leben.

2. Kapitel

Mose's Geburt, wunderbare Erhaltung und Erziehung. Seine Flucht und Ehe.

1 Und es ging ein Mann vom Hause Levi und nahm eine Tochter Levi.

2 Und das Weib ward schwanger und gebar einen Sohn. Und da sie sah, daß es ein feines Kind war, verbarg sie ihn drei Monate.

3 Und da sie ihn nicht länger verbergen konnte, machte sie ein Kästlein von Rohr und verklebte es mit Erdharz und Pech und legte das Kind darein und legte ihn in das Schilf am Ufer des Wassers.

4 Aber seine Schwester stand von ferne, daß sie erfahren wollte, wie es ihm gehen würde.

5 Und die Tochter Pharaos ging hernieder und wollte baden im Wasser; und ihre Jungfrauen gingen an dem Rande des Wassers. Und da sie das Kästlein im Schilf sah, sandte sie ihre Magd hin und ließ es holen.

6 Und da sie es auftat, sah sie das Kind; und siehe, das Knäblein weinte. Da

jammerte es sie, und sprach: Es ist der hebräischen Kindlein eins.

7 Da sprach seine Schwester zu der Tochter Pharaos: Soll ich hingehen und der hebräischen Weiber eine rufen, die da säugt, daß sie dir das Kindlein säuge?

8 Die Tochter Pharaos sprach zu ihr: Gehe hin. Die Jungfrau ging hin und rief des Kindes Mutter.

9 Da sprach Pharaos Tochter zu ihr: Nimm hin das Kindlein und säuge mir's; ich will dir lohnen. Das Weib nahm das Kind und säugte es.

10 Und da das Kind groß war, brachte sie es der Tochter Pharaos, und es ward ihr Sohn, und sie hieß ihn Mose; denn sie sprach: Ich habe ihn aus dem Wasser gezogen.

11 Zu den Zeiten, da Mose war groß geworden, ging er aus zu seinen Brüdern und sah ihre Last und ward gewahr, daß ein Ägypter schlug seiner Brüder, der Hebräischen, einen.

12 Und er wandte sich hin und her, und da er sah, daß kein Mensch da war, erschlug er den Ägypter und scharrte ihn in den Sand.

13 Auf einen andern Tag ging er auch aus und sah zwei hebräische Männer sich miteinander zanken und sprach zu dem Ungerechten: Warum schlägst du deinen Nächsten?

14 Er aber sprach: Wer hat dich zum Obersten oder Richter über uns gesetzt? Willst du mich auch erwürgen, wie du den Ägypter erwürgt hast? Da fürchtete sich Mose und sprach: Wie ist das laut geworden?

15 Und es kam vor Pharao; der trachtete nach Mose, daß er ihn erwürgte. Aber Mose floh vor Pharao und blieb im Lande Midian und wohnte bei einem Brunnen.

16 Der Priester aber von Midian hatte sieben Töchter; die kamen, Wasser zu schöpfen, und füllten die Rinnen, daß sie ihres Vaters Schafe tränkten.

17 Da kamen die Hirten und stießen sie davon. Aber Mose machte sich auf und half ihnen und tränkte ihre Schafe.

18 Und da sie zu ihrem Vater Reguel kamen, sprach er: Wie seid ihr heute so bald gekommen?

19 Sie sprachen: Ein ägyptischer Mann errettete uns von den Hirten und schöpfte

uns und tränkte die Schafe.

20 Er sprach zu seinen Töchtern: Wo ist er? Warum habt ihr den Mann gelassen, daß ihr ihn nicht ludet, mit uns zu essen?

21 Und Mose willigte darein, bei dem Manne zu bleiben. Und er gab Mose seine Tochter Zippora.

22 Die gebar einen Sohn; und er hieß ihn Gersom; denn er sprach: Ich bin ein Fremdling geworden im fremden Lande.

23 Lange Zeit aber darnach starb der König in Ägypten. Und die Kinder Israel seufzten über ihre Arbeit und schrieen, und ihr Schreien über ihre Arbeit kam vor Gott.

24 Und Gott erhörte ihr Wehklagen und gedachte an seinen Bund mit Abraham, Isaak und Jakob;

25 und er sah darein und nahm sich ihrer an.

3. Kapitel

Berufung Mose's

1 Mose aber hütete die Schafe Jethros,

seines Schwiegervaters, des Priesters in Midian, und trieb die Schafe hinter die Wüste und kam an den Berg Gottes, Horeb.

2 Und der Engel des HERRN erschien ihm in einer feurigen Flamme aus dem Busch. Und er sah, daß der Busch mit Feuer brannte und ward doch nicht verzehrt;

3 und sprach: ich will dahin und beschauen dies große Gesicht, warum der Busch nicht verbrennt.

4 Da aber der HERR sah, daß er hinging, zu sehen, rief ihm Gott aus dem Busch und sprach: Mose, Mose! Er antwortete: Hier bin ich.

5 Er sprach: Tritt nicht herzu, zieh deine Schuhe aus von deinen Füßen; denn der Ort, darauf du stehst, ist ein heilig Land!

6 Und sprach weiter: Ich bin der Gott deines Vaters, der Gott Abrahams, der Gott Isaaks und der Gott Jakobs. Und Mose verhüllte sein Angesicht; denn er fürchtete sich Gott anzuschauen.

7 Und der HERR sprach: Ich habe gesehen das Elend meines Volkes in

Ägypten und habe ihr Geschrei gehört über die, so sie drängen; ich habe ihr Leid erkannt

8 und bin herniedergefahren, daß ich sie errette von der Ägypter Hand und sie ausführe aus diesem Lande in ein gutes und weites Land, in ein Land, darin Milch und Honig fließt, an den Ort der Kanaaniter, Hethiter, Amoriter, Pheresiter, Heviter und Jebusiter.

9 Weil nun das Geschrei der Kinder Israel vor mich gekommen ist, und ich auch dazu ihre Angst gesehen habe, wie die Ägypter sie ängsten,

10 so gehe nun hin, ich will dich zu Pharao senden, daß du mein Volk, die Kinder Israel, aus Ägypten führest.

11 Mose sprach zu Gott: Wer bin ich, daß ich zu Pharao gehe und führe die Kinder Israel aus Ägypten?

12 Er sprach: Ich will mit dir sein. Und das soll dir ein Zeichen sein, daß ich dich gesandt habe: Wenn du mein Volk aus Ägypten geführt hast, werdet ihr Gott opfern auf diesem Berge.

13 Mose sprach zu Gott: Siehe, wenn ich zu den Kindern Israel komme und

spreche zu ihnen: Der Gott eurer Väter hat mich zu euch gesandt, und sie mir sagen werden: Wie heißt sein Name? was soll ich ihnen sagen?

14 Gott sprach zu Mose: ICH WERDE SEIN, DER ICH SEIN WERDE. Und sprach: Also sollst du den Kindern Israel sagen: ICH WERDE SEIN hat mich zu euch gesandt.

15 Und Gott sprach weiter zu Mose: Also sollst du den Kindern Israel sagen: Der HERR, eurer Väter Gott, der Gott Abrahams, der Gott Isaaks, der Gott Jakobs, hat mich zu euch gesandt. Das ist mein Name ewiglich, dabei soll man mein Gedenken für und für.

16 Darum so gehe hin und versammle die Ältesten in Israel und sprich zu ihnen: Der HERR, euer Väter Gott, ist mir erschienen, der Gott Abrahams, der Gott Isaaks, der Gott Jakobs, und hat gesagt: Ich habe euch heimgesucht, und gesehen, was euch in Ägypten widerfahren ist,

17 und habe gesagt: ich will euch aus dem Elend Ägyptens führen in das Land der Kanaaniter, Hethiter, Amoriter,

Pheresiter, Heviter und Jebusiter, in das Land, darin Milch und Honig fließt.

18 Und wenn sie deine Stimme hören, so sollst du und die Ältesten in Israel hineingehen zum König in Ägypten und zu ihm sagen: Der HERR, der Hebräer Gott, hat uns gerufen. So laß uns nun gehen drei Tagereisen in die Wüste, daß wir opfern unserm Gott.

19 Aber ich weiß, daß euch der König in Ägypten nicht wird ziehen lassen, außer durch eine starke Hand.

20 Denn ich werde meine Hand ausstrecken und Ägypten schlagen mit allerlei Wundern, die ich darin tun werde. Darnach wird er euch ziehen lassen.

21 Und ich will diesem Volk Gnade geben vor den Ägyptern, daß, wenn ihr auszieht, ihr nicht leer auszieht;

22 sondern ein jeglich Weib soll von ihrer Nachbarin und Hausgenossin fordern silberne und goldene Gefäße und Kleider; die sollt ihr auf eure Söhne und Töchter legen und von den Ägyptern zur Beute nehmen.

4. Kapitel

*Ausrüstung Mose's mit der Wundergabe
Rückkehr nach Ägypten.*

1 Mose antwortete und sprach: Siehe, sie werden mir nicht glauben noch meine Stimme hören, sondern werden sagen: Der HERR ist dir nicht erschienen.

2 Der HERR sprach zu ihm: Was ist's, was du in deiner Hand hast? Er sprach: Ein Stab.

3 Er sprach: Wirf ihn vor dir auf die Erde. Und er warf ihn von sich; da ward er zur Schlange, und Mose floh vor ihr.

4 Aber der HERR sprach zu ihm: Strecke deine Hand aus und erhasche sie bei dem Schwanz. Da streckte er seine Hand aus und hielt sie, und sie ward zum Stab in seiner Hand.

5 Darum werden sie glauben, daß dir erschienen sei der HERR, der Gott ihrer Väter, der Gott Abrahams, der Gott Isaaks, der Gott Jakobs.

6 Und der HERR sprach weiter zu ihm: Stecke deine Hand in deinen Busen. Und er steckte seine Hand in seinen Busen

und zog sie wieder heraus; siehe, da war aussätzig wie Schnee.

7 Und er sprach: Tue sie wieder in deinen Busen. Und er tat sie wieder in seinen Busen und zog sie heraus; siehe, da ward sie wieder wie sein anderes Fleisch.

8 Wenn sie dir nun nicht werden glauben noch deine Stimme hören bei dem einen Zeichen, so werden sie doch glauben deine Stimme bei dem andern Zeichen.

9 Wenn sie aber diesen zwei Zeichen nicht glauben werden noch deine Stimme hören, so nimm Wasser aus dem Strom und gieß es auf das trockene Land, so wird das Wasser, das du aus dem Strom genommen hast, Blut werden auf dem trockenen Lande.

10 Mose aber sprach zu dem HERRN: Ach mein HERR, ich bin je und je nicht wohl beredt gewesen, auch nicht seit der Zeit, da du mit deinem Knecht geredet hast; denn ich habe eine schwere Sprache und eine schwere Zunge.

11 Der HERR sprach zu ihm: Wer hat dem Menschen den Mund geschaffen?

Oder wer hat den Stummen oder Tauben oder Sehenden oder Blinden gemacht? Habe ich's nicht getan, der HERR?

12 So geh nun hin: Ich will mit deinem Munde sein und dich lehren, was du sagen sollst.

13 Mose sprach aber: Mein HERR, sende, welchen du senden willst.

14 Da ward der HERR sehr zornig über Mose und sprach: Weiß ich denn nicht, daß dein Bruder Aaron aus dem Stamm Levi beredt ist? und siehe, er wird herausgehen dir entgegen; und wenn er dich sieht, wir er sich von Herzen freuen.

15 Du sollst zu ihm reden und die Worte in seinen Mund legen. Und ich will mit deinem und seinem Munde sein und euch lehren, was ihr tun sollt.

16 Und er soll für dich zum Volk reden; er soll dein Mund sein, und du sollst sein Gott sein.

17 Und diesen Stab nimm in deine Hand, mit dem du die Zeichen tun sollst.

18 Mose ging hin und kam wieder zu Jethro, seinem Schwiegervater, und sprach zu ihm: Laß mich doch gehen, daß ich wieder zu meinen Brüdern komme,

die in Ägypten sind, und sehe, ob sie noch leben. Jethro sprach zu ihm: Gehe hin mit Frieden.

19 Auch sprach der HERR zu ihm in Midian: Gehe hin und ziehe wieder nach Ägypten; denn die Leute sind tot, die nach deinem Leben standen.

20 Also nahm Mose sein Weib und seine Söhne und führte sie auf einem Esel und zog wieder nach Ägyptenland und nahm den Stab Gottes in seine Hand.

21 Und der HERR sprach zu Mose: Siehe zu, wenn du wieder nach Ägypten kommst, daß du alle Wunder tust vor Pharao, die ich dir in deine Hand gegeben habe; aber ich will sein Herz verstocken, daß er das Volk nicht lassen wird.

22 Und du sollst zu ihm sagen: So sagt der HERR: Israel ist mein erstgeborener Sohn;

23 und ich gebiete dir, daß du meinen Sohn ziehen lassest, daß er mir diene. Wirst du dich des weigern, so will ich deinen erstgeborenen Sohn erwürgen.

24 Und als er unterwegs in der Herberge war, kam ihm der HERR

entgegen und wollte ihn töten.

25 Da nahm Zippora einen Stein und beschnitt ihrem Sohn die Vorhaut und rührte ihm seine Füße an und sprach: Du bist mir ein Blutbräutigam.

26 Da ließ er von ihm ab. Sie sprach aber Blutbräutigam um der Beschneidung willen.

27 Und der HERR sprach zu Aaron: Gehe hin Mose entgegen in die Wüste. Und er ging hin und begegnete ihm am Berge Gottes und küßte ihn.

28 Und Mose sagte Aaron alle Worte des HERRN, der ihn gesandt hatte, und alle Zeichen, die er ihm befohlen hatte.

29 Und sie gingen hin und versammelten alle Ältesten von den Kindern Israel.

30 Und Aaron redete alle Worte, die der HERR mit Mose geredet hatte, und er tat die Zeichen vor dem Volk.

31 Und das Volk glaubte. Und da sie hörten, daß der HERR die Kinder Israel heimgesucht und ihr Elend angesehen hätte, neigten sie sich und beteten an.

5. Kapitel

Mose wird von Pharao verachtet,
das Volk noch härter Gedrückt.

1 Darnach ging Mose und Aaron hinein und sprachen zu Pharao: So sagt der HERR, der Gott Israels: Laß mein Volk ziehen, daß mir's ein Fest halte in der Wüste.

2 Pharao antwortete: Wer ist der HERR, des Stimme ich hören müsse und Israel ziehen lassen? Ich weiß nichts von dem HERRN, will auch Israel nicht lassen ziehen.

3 Sie sprachen: Der Hebräer Gott hat uns gerufen; so laß uns nun hinziehen drei Tagereisen in die Wüste und dem HERRN, unserm Gott, opfern, daß uns nicht widerfahre Pestilenz oder Schwert.

4 Da sprach der König in Ägypten zu ihnen: Du Mose und Aaron, warum wollt ihr das Volk von seiner Arbeit frei machen? Gehet hin an eure Dienste!

5 Weiter sprach Pharao: Siehe, des Volks ist schon zuviel im Lande, und ihr wollt sie noch feiern heißen von ihrem

Dienst!

6 Darum befahl Pharao desselben Tages den Vögten des Volks und ihren Amtleuten und sprach:

7 Ihr sollt dem Volk nicht mehr Stroh sammeln und geben, daß sie Ziegel machen wie bisher; laßt sie selbst hingehen, und Stroh zusammenlesen,

8 und die Zahl der Ziegel, die sie bisher gemacht haben, sollt ihr ihnen gleichwohl auflegen und nichts mindern; denn sie gehen müßig, darum schreien sie und sprechen: Wir wollen hinziehen und unserm Gott opfern.

9 Man drücke die Leute mit Arbeit, daß sie zu schaffen haben und sich nicht kehren an falsche Rede.

10 Da gingen die Vögte des Volkes und ihre Amtleute aus und sprachen zum Volk: So spricht Pharao: Man wird euch kein Stroh geben;

11 geht ihr selbst hin und sammelt euch Stroh, wo ihr's findet; aber von eurer Arbeit soll nichts gemindert werden.

12 Da zerstreute sich das Volk ins ganze Land Ägypten, daß es Stoppeln sammelte, damit sie Stroh hätten.

13 Und die Vögte trieben sie und sprachen:

Erfüllet euer Tagewerk, gleich als da ihr Stroh hattet.

14 Und die Amtleute der Kinder Israel, welche die Vögte Pharaos über sie gesetzt hatten, wurden geschlagen, und ward zu ihnen gesagt: Warum habt ihr weder heute noch gestern euer gesetztes Tagewerk getan wie bisher?

15 Da gingen hinein die Amtleute der Kinder Israel und schrien zu Pharao: Warum willst du mit deinen Knechten also fahren?

16 Man gibt den Knechten kein Stroh, und sie sollen die Ziegel machen, die uns bestimmt sind; siehe deine Knechte werden geschlagen, und dein Volk muß schuldig sein.

17 Pharao sprach: Ihr seid müßig, müßig seid ihr; darum sprecht ihr: Wir wollen hinziehen und dem HERRN opfern.

18 So gehet nun hin und frönt; Stroh soll man euch nicht geben, aber die Anzahl der Ziegel sollt ihr schaffen.

19 Da sahen die Amtleute der Kinder Israel, daß es ärger ward, weil man sagte:

Ihr sollt nichts mindern von dem Tagewerk an den Ziegeln.

20 Und da sie von Pharao gingen, begegneten sie Mose und Aaron und traten ihnen entgegen

21 und sprachen zu ihnen: Der HERR sehe auf euch und richte es, daß ihr unsern Geruch habt stinkend gemacht vor Pharao und seinen Knechten und habt ihnen das Schwert in die Hände gegeben, uns zu töten.

22 Mose aber kam wieder zu dem HERRN und sprach: HERR, warum tust du so übel an diesem Volk? Warum hast du mich hergesandt?

23 Denn seit dem, daß ich hineingegangen bin zu Pharao, mit ihm zu reden in deinem Namen, hat er das Volk noch härter geplagt, und du hast dein Volk nicht errettet.

6. Kapitel

Mose bekommt von Gott neue Befehle.
Geschlechtsregister.

1 Der HERR sprach zu Mose: Nun sollst du sehen, was ich Pharao tun werde; denn durch eine starke Hand muß er sie lassen ziehen, er muß sie noch durch eine starke Hand aus seinem Lande von sich treiben.

2 Und Gott redete mit Mose und sprach zu ihm: Ich bin der HERR

3 und bin erschienen Abraham, Isaak und Jakob als der allmächtige Gott; aber mein Name HERR ist ihnen nicht offenbart worden.

4 Auch habe ich einen Bund mit ihnen aufgerichtet, daß ich ihnen geben will das Land Kanaan, das Land ihrer Wallfahrt, darin sie Fremdlinge gewesen sind.

5 Auch habe ich gehört die Wehklage der Kinder Israel, welche die Ägypter mit Frönen beschweren, und habe an meinen Bund gedacht.

6 Darum sage den Kindern Israel: Ich bin

der HERR und will euch ausführen von euren Lasten in Ägypten und will euch erretten von eurem Frönen und will euch erlösen durch ausgereckten Arm und große Gerichte

7 und will euch annehmen zum Volk und will euer Gott sein, daß ihr's erfahren sollt, daß ich der HERR bin, euer Gott, der euch ausführt von der Last Ägyptens

8 und euch bringt in das Land, darüber ich habe meine Hand gehoben, daß ich's gäbe Abraham, Isaak und Jakob; das will ich euch geben zu eigen, ich, der HERR.

9 Mose sagte solches den Kindern Israel; aber sie hörten ihn nicht vor Seufzen und Angst vor harter Arbeit.

10 Da redete der HERR mit Mose und sprach:

11 Gehe hinein und rede mit Pharao, dem König in Ägypten, daß er die Kinder Israel aus seinem Lande lasse.

12 Mose aber redete vor dem HERRN und sprach: Siehe, die Kinder Israel hören mich nicht; wie sollte mich denn Pharao hören? Dazu bin ich von unbeschnittenen Lippen.

13 Also redete der HERR mit Mose und

Aaron und tat ihnen Befehl an die Kinder Israel und an Pharao, den König in Ägypten, daß sie die Kinder Israel aus Ägypten führten.

14 Dies sind die Häupter in ihren Vaterhäusern. Die Kinder Rubens, des ersten Sohnes Israels, sind diese: Henoch, Pallu, Hezron, Charmi. Das sind die Geschlechter von Ruben.

15 Die Kinder Simeons sind diese: Jemuel, Jamin, Ohad, Jachin, Zohar und Saul, der Sohn des kanaanäischen Weibes. Das sind Simeons Geschlechter.

16 Dies sind die Namen der Kinder Levis nach ihren Geschlechtern: Gerson, Kahath, Merari. Aber Levi ward hundertsiebenunddreißig Jahre alt.

17 Die Kinder Gersons sind diese: Libni und Simei nach ihren Geschlechtern.

18 Die Kinder Kahaths sind diese: Amram, Jizhar, Hebron, Usiel. Kahath aber ward hundertdreiunddreißig Jahre alt.

19 Die Kinder Merari sind diese: Maheli und Musi. Das sind die Geschlechter Levis nach ihrer Abstammung.

20 Und Amram nahm seine Muhme

Jochebed zum Weibe; die gebar ihm Aaron und Mose. Aber Amram ward hundertsiebenunddreißig Jahre alt.

21 Die Kinder Jizhars sind diese: Korah, Nepheg, Sichri.

22 Die Kinder Usiels sind diese: Misael, Elzaphan, Sithri.

23 Aaron nahm zum Weibe Eliseba, die Tochter Amminadabs, Nahessons Schwester; die gebar ihm Nadab, Abihu, Eleasar, Ithamar.

24 Die Kinder Korah sind diese: Assir, Elkana, Abiasaph. Das sind die Geschlechter der Korahiter.

25 Eleasar aber, Aarons Sohn, der nahm von den Töchtern Putiels ein Weib; die gebar ihm Pinehas. Das sind die Häupter unter den Vätern der Leviten-Geschlechter.

26 Das ist Aaron und Mose, zu denen der HERR sprach: Führet die Kinder Israel aus Ägyptenland mit ihrem Heer.

27 Sie sind's die mit Pharao, dem König in Ägypten, redeten, daß sie die Kinder Israel aus Ägypten führten, nämlich Mose und Aaron.

28 Und des Tages redete der HERR mit

Mose in Ägyptenland

29 und sprach zu Ihm: Ich bin der HERR; rede mit Pharao, dem König in Ägypten, alles, was ich mit dir rede.

30 Und er antwortete vor dem HERRN: Siehe, ich bin von unbeschnittenen Lippen; wie wird mich denn Pharao hören?

7. Kapitel

*Mose und Aaron tun vor Pharao Wunder.
Verwandlung des Wassers in Blut.*

1 Der HERR sprach zu Mose: Siehe, ich habe dich zu einem Gott gesetzt über Pharao, und Aaron, dein Bruder, soll dein Prophet sein.

2 Du sollst reden alles, was ich dir gebieten werde; aber Aaron, dein Bruder, soll's vor Pharao reden, daß er die Kinder Israel aus seinem Lande lasse.

3 Aber ich will Pharaos Herz verhärten, daß ich meiner Zeichen und Wunder viel tue in Ägyptenland.

4 Und Pharao wird euch nicht hören, auf

daß ich meine Hand in Ägypten beweise und führe mein Heer, mein Volk, die Kinder Israel, aus Ägyptenland durch große Gerichte.

5 Und die Ägypter sollen's innewerden, daß ich der HERR bin, wenn ich nun meine Hand über Ägypten ausstrecken und die Kinder Israel von ihnen wegführen werde.

6 Mose und Aaron taten, wie ihnen Gott geboten hatte.

7 Und Mose war achtzig Jahre alt und Aaron dreiundachtzig Jahre alt, da sie mit Pharao redeten

8 Und der HERR sprach zu Mose und Aaron:

9 Wenn Pharao zu euch sagen wird: Beweist eure Wunder, so sollst du zu Aaron sagen: Nimm deinen Stab und wirf ihn vor Pharao, daß er zur Schlange werde.

10 Da gingen Mose und Aaron hinein zu Pharao und taten, wie ihnen der HERR geboten hatte. Und Aaron warf seinen Stab vor Pharao und vor seinen Knechten, und er ward zur Schlange.

11 Da forderte Pharao die Weisen und

Zauberer; und die ägyptischen Zauberer taten auch also mit ihrem Beschwören:

12 ein jeglicher warf seinen Stab von sich, da wurden Schlangen daraus; aber Aarons Stab verschlang ihre Stäbe.

13 Also ward das Herz Pharaos verstockt, und er hörte sie nicht, wie denn der HERR geredet hatte.

14 Und der HERR sprach zu Mose: Das Herz Pharaos ist hart; er weigert sich das Volk zu lassen.

15 Gehe hin zu Pharao morgen. Siehe, er wird ins Wasser gehen; so tritt ihm entgegen an das Ufer des Wassers und nimm den Stab in deine Hand, der zur Schlange ward,

16 und sprich zu ihm: Der HERR, der Hebräer Gott, hat mich zu dir gesandt und lassen sagen: Laß mein Volk, daß mir's diene in der Wüste. Aber du hast bisher nicht wollen hören.

17 Darum spricht der HERR also: Daran sollst du erfahren, daß ich der HERR bin. Siehe, ich will mit dem Stabe, den ich in meiner Hand habe, das Wasser schlagen, das in dem Strom ist, und es soll in Blut verwandelt werden,

18 daß die Fische im Strom sterben sollen und der Strom stinken; und den Ägyptern wird ekeln, zu trinken das Wasser aus dem Strom.

19 Und der HERR sprach zu Mose: Sage Aaron: Nimm deinen Stab und recke deine Hand aus über die Wasser in Ägypten, über ihre Bäche und Ströme und Seen und über alle Wassersümpfe, daß sie Blut werden; und es sei Blut in ganz Ägyptenland, in hölzernen und in steinernen Gefäßen.

20 Mose und Aaron taten, wie ihnen der HERR geboten hatte, und er hob den Stab auf und schlug ins Wasser, das im Strom war, vor Pharao und seinen Knechten. Und alles Wasser ward in Blut verwandelt.

21 Und die Fische im Strom starben, und der Strom ward stinkend, daß die Ägypter nicht trinken konnten das Wasser aus dem Strom; und es war Blut in ganz Ägyptenland.

22 Und die ägyptischen Zauberer taten auch also mit ihrem Beschwören. Also ward das Herz Pharaos verstockt, und er hörte sie nicht, wie denn der HERR geredet hatte.

23 Und Pharao wandte sich und ging heim und nahm's nicht zu Herzen.

24 Aber alle Ägypter gruben nach Wasser um den Strom her, zu trinken; denn das Wasser aus dem Strom konnten sie nicht trinken.

25 Und das währte sieben Tage lang, daß der HERR den Strom schlug.

8. Kapitel

Plagen der Frösche, der Stechmücken und des Ungeziefers.

1 Der HERR sprach zu Mose: Gehe hinein zu Pharao und sprich zu ihm: So sagt der HERR: Laß mein Volk, daß mir's diene.

2 Wo du dich weigerst, siehe, so will ich all dein Gebiet mit Fröschen plagen,

3 daß der Strom soll von Fröschen wimmeln; die sollen heraufkriechen und kommen in dein Haus, in deine Schlafkammer, auch in die Häuser deiner Knechte, unter dein Volk, in deine Backöfen und in deine Teige;

4 und die Frösche sollen auf dich und auf dein Volk und auf alle deine Knechte kriechen.

5 Und der HERR sprach zu Mose: Sage Aaron: Recke deine Hand aus mit deinem Stabe über die Bäche und Ströme und Seen und laß Frösche über Ägyptenland kommen.

6 Und Aaron reckte seine Hand über die Wasser in Ägypten, und es kamen Frösche herauf, daß Ägyptenland bedeckt ward.

7 Da taten die Zauberer auch also mit ihrem Beschwören und ließen Frösche über Ägyptenland kommen.

8 Da forderte Pharao Mose und Aaron und sprach: Bittet den HERRN für mich, daß er die Frösche von mir und von meinem Volk nehme, so will ich das Volk lassen, daß es dem HERRN opfere.

9 Mose sprach: Habe du die Ehre vor mir und bestimme mir, wann ich für dich, für deine Knechte und für dein Volk bitten soll, daß die Frösche von dir und von deinem Haus vertrieben werden und allein im Strom bleiben.

10 Er sprach: Morgen. Er sprach: Wie du

gesagt hast. Auf daß du erfahrest, daß niemand ist wie der HERR, unser Gott,

11 so sollen die Frösche von dir, von deinem Hause, von deinen Knechten und von deinem Volk genommen werden und allein in Strom bleiben.

12 Also gingen Mose und Aaron von Pharao; und Mose schrie zu dem HERRN der Frösche halben, wie er Pharao hatte zugesagt.

13 Und der HERR tat, wie Mose gesagt hatte; und die Frösche starben in den Häusern, in den Höfen und auf dem Felde.

14 Und sie häuften sie zusammen, hier einen Haufen und da einen Haufen, und das Land stank davon.

15 Da aber Pharao sah, daß er Luft gekriegt hatte, verhärtete er sein Herz und hörte sie nicht, wie denn der HERR geredet hatte.

16 Und der HERR sprach zu Mose: Sage Aaron: Recke deinen Stab aus und schlage in den Staub auf der Erde, daß Stechmücken werden in ganz Ägyptenland.

17 Sie taten also, und Aaron reckte seine

Hand aus mit dem Stabe und schlug in den Staub auf der Erde. Und es wurden Mücken an den Menschen und an dem Vieh; aller Staub des Landes ward zu Mücken in ganz Ägyptenland.

18 Die Zauberer taten auch also mit ihrem Beschwören, daß sie Mücken herausbrächten, aber sie konnten nicht. Und die Mücken waren sowohl an den Menschen als an Vieh.

19 Da sprachen die Zauberer zu Pharao: Das ist Gottes Finger. Aber das Herz Pharaos ward verstockt, und er hörte sie nicht, wie denn der HERR gesagt hatte.

20 Und der HERR sprach zu Mose: Mache dich morgen früh auf und tritt vor Pharao (siehe, er wird ans Wasser gehen) und sprich zu ihm: So sagt der HERR: Laß mein Volk, daß es mir diene;

21 wo nicht, siehe, so will ich allerlei Ungeziefer lassen kommen über dich, deine Knechte, dein Volk und dein Haus, daß aller Ägypter Häuser und das Feld und was darauf ist, voll Ungeziefer werden sollen.

22 Und ich will des Tages ein Besonderes tun mit dem Lande Gosen, da

sich mein Volk aufhält, daß kein Ungeziefer da sei; auf daß du innewerdest, daß ich der HERR bin auf Erden allenthalben;

23 und will eine Erlösung setzen zwischen meinem und deinem Volk; morgen soll das Zeichen geschehen.

24 Und der HERR tat also, und es kam viel Ungeziefer in Pharaos Haus, in seiner Knechte Häuser und über ganz Ägyptenland; und das Land ward verderbt von dem Ungeziefer.

25 Da forderte Pharao Mose und Aaron und sprach: Gehet hin, opfert eurem Gott hier im Lande.

26 Mose sprach: Das taugt nicht, daß wir also tun; denn wir würden der Ägypter Gräuel opfern unserm Gott, dem HERRN; siehe, wenn wir der Ägypter Gräuel vor ihren Augen opferten, würden sie uns nicht steinigen?

27 Drei Tagereisen wollen wir gehen in die Wüste und dem HERRN, unserm Gott, opfern, wie er uns gesagt hat.

28 Pharao sprach: Ich will euch lassen, daß ihr dem HERRN, eurem Gott, opfert in der Wüste; allein, daß ihr nicht ferner

zieht; und bittet für mich.

29 Mose sprach: Siehe, wenn ich hinaus von dir komme, so will ich den HERRN bitten, daß dies Ungeziefer von Pharao und seinen Knechten und seinem Volk genommen werde morgen des Tages; allein täusche mich nicht mehr, daß du das Volk nicht lassest, dem HERRN zu opfern.

30 Und Mose ging hinaus von Pharao und bat den HERRN.

31 Und der HERR tat, wie Mose gesagt hatte, und schaffte das Ungeziefer weg von Pharao, von seinen Knechten und von seinem Volk, daß nicht eines übrigblieb.

32 Aber Pharao verhärtete sein Herz auch dieses Mal und ließ das Volk nicht.

9. Kapitel

Pestilenz. Schwarze Blattern. Hagel.

1 Der HERR sprach zu Mose: Gehe hinein zu Pharao und sprich zu ihm: Also sagt der HERR, der Gott der Hebräer: Laß mein Volk, daß sie mir dienen.

2 Wo du dich des weigerst und sie weiter aufhältst,

3 siehe, so wird die Hand des HERRN sein über dein Vieh auf dem Felde, über Pferde, über Esel, über Kamele, über Ochsen, über Schafe, mit einer sehr schweren Pestilenz.

4 Und der HERR wird ein Besonderes tun zwischen dem Vieh der Israeliten und der Ägypter, daß nichts sterbe aus allem, was die Kinder Israel haben.

5 Und der HERR bestimmte eine Zeit und sprach: Morgen wird der HERR solches auf Erden tun.

6 Und der HERR tat solches des Morgens, und es starb allerlei Vieh der Ägypter; aber des Viehs der Kinder Israel starb nicht eins.

7 Und Pharao sandte darnach, und siehe, es war des Viehs Israels nicht eins gestorben. Aber das Herz Pharaos ward verstockt, und er ließ das Volk nicht.

8 Da sprach der HERR zu Mose und Aaron: Nehmet eure Fäuste voll Ruß aus dem Ofen, und Mose sprenge ihn gen Himmel vor Pharao,

9 daß es über ganz Ägyptenland stäube

und böse schwarze Blattern auffahren an den Menschen und am Vieh in ganz Ägyptenland.

10 Und sie nahmen Ruß aus dem Ofen und traten vor Pharao, und Mose sprengte ihn gen Himmel. Da fuhren auf böse schwarze Blattern an den Menschen und am Vieh,

11 also daß die Zauberer nicht konnten vor Mose stehen vor den bösen Blattern; denn es waren an den Zauberern ebensowohl böse Blattern als an allen Ägyptern.

12 Aber der HERR verstockte das Herz Pharaos, daß er sie nicht hörte, wie denn der HERR gesagt hatte.

13 Da sprach der HERR zu Mose: Mache dich morgen früh auf und tritt vor Pharao und sprich zu ihm: So sagt der HERR, der Hebräer Gott: Laß mein Volk, daß mir's diene;

14 ich will sonst diesmal alle meine Plagen über dich selbst senden, über deine Knechte und über dein Volk, daß du innewerden sollst, daß meinesgleichen nicht ist in allen Landen.

15 Denn ich hätte schon jetzt meine

Hand ausgereckt und dich und dein Volk mit Pestilenz geschlagen, daß du von der Erde vertilgt würdest.

16 Aber darum habe ich dich erhalten, daß meine Kraft an dir erscheine und mein Name verkündigt werde in allen Landen.

17 Du trittst mein Volk noch unter dich und willst's nicht lassen.

18 Siehe, ich will morgen um diese Zeit einen sehr großen Hagel regnen lassen, desgleichen in Ägypten nicht gewesen ist, seitdem es gegründet ist, bis her.

19 Und nun sende hin und verwahre dein Vieh, und alles, was du auf dem Felde hast. Denn alle Menschen und das Vieh, das auf dem Felde gefunden wird und nicht in die Häuser versammelt ist, so der Hagel auf sie fällt, werden sterben.

20 Wer nun unter den Knechten Pharaos des HERRN Wort fürchtete, der ließ seine Knechte und sein Vieh in die Häuser fliehen.

21 Welcher Herz aber sich nicht kehrte an des HERRN Wort, die ließen ihre Knechte und ihr Vieh auf dem Felde.

22 Da sprach der Herr zu Mose: Recke

deine Hand aus gen Himmel, daß es hagle über ganz Ägyptenland, über Menschen, über Vieh und über alles Kraut auf dem Felde in Ägyptenland.

23 Also reckte Mose seinen Stab gen Himmel, und der HERR ließ donnern und hageln, daß das Feuer auf die Erde schoß. Also ließ der HERR Hagel regnen über Ägyptenland,

24 daß Hagel und Feuer untereinander fuhren, so grausam, daß desgleichen in ganz Ägyptenland nie gewesen war, seitdem Leute darin gewesen sind.

25 Und der Hagel schlug in ganz Ägyptenland alles, was auf dem Felde war, Menschen und Vieh, und schlug alles Kraut auf dem Felde und zerbrach alle Bäume auf dem Felde.

26 Allein im Lande Gosen, da die Kinder Israel wohnten, da hagelte es nicht.

27 Da schickte Pharao hin und ließ Mose und Aaron rufen und sprach zu ihnen: Ich habe dasmal mich versündigt; der HERR ist gerecht, ich aber und mein Volk sind Gottlose.

28 Bittet aber den Herrn, daß er aufhöre solch Donnern und Hageln Gottes, so will

ich euch lassen, daß ihr nicht länger hier bleibet.

29 Mose sprach: Wenn ich zur Stadt hinauskomme, so will ich meine Hände ausbreiten gegen den HERRN; so wird der Donner aufhören und kein Hagel mehr sein, daß du innewerdest, daß die Erde des HERRN sei.

30 Ich weiß aber, daß du und deine Knechte euch noch nicht fürchtet vor Gott dem HERRN.

31 Also ward geschlagen der Flachs und die Gerste; denn die Gerste hatte geschoßt und der Flachs Knoten gewonnen.

32 Aber der Weizen und Spelt ward nicht geschlagen, denn es war Spätgetreide.

33 So ging nun Mose von Pharao zur Stadt hinaus und breitete seine Hände gegen den HERRN, und der Donner und Hagel hörten auf, und der Regen troff nicht mehr auf die Erde.

34 Da aber Pharao sah, daß der Regen und Donner und Hagel aufhörte, versündigte er sich weiter und verhärtete sein Herz, er und seine Knechte.

35 Also ward des Pharao Herz verstockt, daß er die Kinder Israel nicht ließ, wie denn der HERR geredet hatte durch Mose.

10. Kapitel

Heuschrecken und Finsternis

1 Und der HERR sprach zu Mose: Gehe hinein zu Pharao; denn ich habe sein und seiner Knechte Herz verhärtet, auf daß ich diese meine Zeichen unter ihnen tue,

2 und daß du verkündigest vor den Ohren deiner Kinder und deiner Kindeskinder, was ich in Ägypten ausgerichtet habe und wie ich meine Zeichen unter ihnen getan habe, daß ihr wisset: Ich bin der HERR.

3 Also gingen Mose und Aaron hinein zu Pharao und sprachen zu ihm: So spricht der HERR, der Hebräer Gott: Wie lange weigerst du dich, dich vor mir zu demütigen, daß du mein Volk lassest, mir zu dienen?

4 Weigerst du dich, mein Volk zu lassen,

siehe, so will ich morgen Heuschrecken kommen lassen an allen Orten,

5 daß sie das Land bedecken, also daß man das Land nicht sehen könne; und sie sollen fressen, was euch übrig und errettet ist vor dem Hagel, und sollen alle grünenden Bäume fressen auf dem Felde

6 und sollen erfüllen dein Haus, aller deiner Knechte Häuser und aller Ägypter Häuser, desgleichen nicht gesehen haben deine Väter und deiner Väter Väter, seitdem sie auf Erden gewesen bis auf diesen Tag. Und er wandte sich und ging von Pharao hinaus.

7 Da sprachen die Knechte Pharaos zu ihm: Wie lange sollen wir mit diesem Manne geplagt sein? Laß die Leute ziehen, daß sie dem HERRN, ihrem Gott, dienen. Willst du zuvor erfahren daß Ägypten untergegangen sei?

8 Mose und Aaron wurden wieder zu Pharao gebracht; der sprach zu ihnen: Gehet hin und dienet dem HERRN, eurem Gott. Welche sind es aber, die hinziehen sollen?

9 Mose sprach: Wir wollen hinziehen mit jung und alt, mit Söhnen und Töchtern,

mit Schafen und Rindern; denn wir haben ein Fest des HERRN.

10 Er sprach zu ihnen: O ja, der HERR sei mit euch! Sollte ich euch und eure Kinder dazu ziehen lassen? Sehet da, ob ihr nicht Böses vorhabt!

11 Nicht also, sondern ihr Männer ziehet hin und dienet dem HERRN; denn das habt ihr auch gesucht. Und man stieß sie heraus von Pharao.

12 Da sprach der HERR zu Mose: Recke deine Hand über Ägyptenland, daß Heuschrecken auf Ägyptenland kommen und fressen alles Kraut im Lande auf samt allem dem, was der Hagel übriggelassen hat.

13 Mose reckte seinen Stab über Ägyptenland; und der HERR trieb einen Ostwind ins Land den ganzen Tag und die ganze Nacht; und des Morgens führte der Ostwind die Heuschrecken her.

14 Und sie kamen über das ganze Ägyptenland und ließen sich nieder an allen Orten in Ägypten, so sehr viel, daß zuvor desgleichen nie gewesen ist noch hinfort sein wird.

15 Denn sie bedeckten das Land und

verfinsterten es. Und sie fraßen alles Kraut im Lande auf und alle Früchte auf den Bäumen, die der Hagel übriggelassen hatte, und ließen nichts Grünes übrig an den Bäumen und am Kraut auf dem Felde in ganz Ägyptenland.

16 Da forderte Pharao eilend Mose und Aaron und sprach: Ich habe mich versündigt an dem HERRN, eurem Gott, und an euch;

17 vergebt mir meine Sünde nur noch diesmal und bittet den HERRN, euren Gott, daß er doch nur diesen Tod von mir wegnehme.

18 Und er ging aus von Pharao und bat den HERRN.

19 Da wendete der HERR den Wind, also daß er sehr stark aus Westen ging und hob die Heuschrecken auf und warf sie ins Schilfmeer, daß nicht eine übrigblieb an allen Orten Ägyptens.

20 Aber der HERR verstockte Pharaos Herz, daß er die Kinder Israel nicht ließ.

21 Der HERR sprach zu Mose: Recke deine Hand gen Himmel, daß es so finster werde in Ägyptenland, daß man's greifen

mag.

22 Und Mose reckte seine Hand gen Himmel; da ward eine dicke Finsternis in ganz Ägyptenland drei Tage,

23 daß niemand den andern sah noch aufstand von dem Ort, da er war, in drei Tagen. Aber bei allen Kindern Israel war es licht in ihren Wohnungen.

24 Da forderte Pharao Mose und sprach: Ziehet hin und dienet dem Herrn; allein eure Schafe und Rinder laßt hier; laßt auch eure Kindlein mit euch ziehen.

25 Mose sprach: Du mußt uns auch Opfer und Brandopfer geben, die wir unserm Gott, dem HERRN, tun mögen.

26 Unser Vieh soll mit uns gehen und nicht eine Klaue dahintenbleiben; denn wir wissen nicht, womit wir dem HERRN dienen sollen, bis wir dahin kommen.

27 Aber der HERR verstockte das Herz Pharao daß er sie nicht lassen wollte.

28 Und Pharao sprach zu ihm: Gehe von mir und hüte dich, daß du nicht mehr vor meine Augen kommst; denn welches Tages du vor meine Augen kommst, sollst du sterben.

29 Mose antwortete: Wie du gesagt hast;

ich will nicht mehr vor deine Augen kommen.

11. Kapitel

Auszug aus Ägypten befohlen.
Androhung der zehnten Plage.

1 Und der HERR sprach zu Mose: Ich will noch eine Plage über Pharao und Ägypten kommen lassen; darnach wird er euch von hinnen lassen und wird nicht allein alles lassen, sondern euch von hinnen treiben.

2 So sage nun vor dem Volk, daß ein jeglicher von seinem Nächsten und eine jegliche von ihrer Nächsten silberne und goldene Gefäße fordere.

3 Und der HERR gab dem Volk Gnade vor den Ägyptern. Und Mose war ein sehr großer Mann in Ägyptenland vor den Knechten Pharaos und vor dem Volk.

4 Und Mose sprach: So sagt der HERR: Ich will zu Mitternacht ausgehen in Ägyptenland;

5 und alle Erstgeburt in Ägyptenland soll

sterben, von dem ersten Sohn Pharaos an, der auf seinem Stuhl sitzt, bis an den ersten Sohn der Magd, die hinter der Mühle ist, und alle Erstgeburt unter dem Vieh;

6 und wird ein großes Geschrei sein in ganz Ägyptenland, desgleichen nie gewesen ist noch werden wird;

7 aber bei allen Kindern Israel soll nicht ein Hund mucken, unter Menschen sowohl als unter Vieh, auf daß ihr erfahret, wie der HERR Ägypten und Israel scheide.

8 Dann werden zu mir herabkommen alle diese deine Knechte und mir zu Füßen fallen und sagen: Zieh aus, du und alles Volk, das unter dir ist. Darnach will ich ausziehen. Und er ging von Pharao mit grimmigem Zorn.

9 Der HERR aber sprach zu Mose: Pharao hört euch nicht, auf daß viele Wunder geschehen in Ägyptenland.

10 Und Mose und Aaron haben diese Wunder alle getan vor Pharao; aber der HERR verstockte sein Herz, daß er die Kinder Israel nicht lassen wollte aus seinem Lande.

12. Kapitel

Stiftung des Osterlamms.
Erwürgung der Erstgeburt.
Auszug Anfang.

1 Der HERR aber sprach zu Mose und Aaron in Ägyptenland:

2 Dieser Monat soll bei euch der erste Monat sein, und von ihm sollt ihr die Monates des Jahres anheben.

3 Sagt der ganzen Gemeinde Israel und sprecht: Am zehnten Tage dieses Monats nehme ein jeglicher ein Lamm, wo ein Hausvater ist, je ein Lamm zu einem Haus.

4 Wo ihrer aber in einem Hause zu einem Lamm zu wenig sind, so nehme er's und sein nächster Nachbar an seinem Hause, bis ihrer so viel wird, daß sie das Lamm aufessen können.

5 Ihr sollt aber ein solches Lamm nehmen, daran kein Fehl ist, ein Männlein und ein Jahr alt; von den Schafen und Ziegen sollt ihr's nehmen

6 und sollt's behalten bis auf den vierzehnten Tag des Monats. Und ein jegliches Häuflein im ganzen Israel soll's

schlachten gegen Abend.

7 Und sollt von seinem Blut nehmen und beide Pfosten der Tür und die obere Schwelle damit bestreichen an den Häusern, darin sie es essen.

8 Und sollt also das Fleisch essen in derselben Nacht, am Feuer gebraten, und ungesäuertes Brot, und sollt es mit bitteren Kräutern essen.

9 Ihr sollt's nicht roh essen noch mit Wasser gesotten, sondern am Feuer gebraten, sein Haupt mit seinen Schenkeln und Eingeweiden.

10 Und sollt nichts davon übriglassen bis morgen; wo aber etwas übrigbleibt bis morgen, sollt ihr's mit Feuer verbrennen.

11 Also sollt ihr's aber essen: Um eure Lenden sollt ihr gegürtet sein und eure Schuhe an den Füßen haben und Stäbe in euren Händen, und sollt's essen, als die hinwegeilen; denn es ist des HERRN Passah.

12 Denn ich will in derselben Nacht durch Ägyptenland gehen und alle Erstgeburt schlagen in Ägyptenland, unter den Menschen und unter dem Vieh, und will meine Strafe beweisen an allen

Göttern der Ägypter, ich, der HERR.

13 Und das Blut soll euer Zeichen sein an den Häusern, darin ihr seid, daß, wenn ich das Blut sehe, an euch vorübergehe und euch nicht die Plage widerfahre, die euch verderbe, wenn ich Ägyptenland schlage.

14 Ihr sollt diesen Tag haben zum Gedächtnis und sollt ihn feiern dem HERRN zum Fest, ihr und alle eure Nachkommen, zur ewigen Weise.

15 Sieben Tage sollt ihr ungesäuertes Brot essen; nämlich am ersten Tage sollt ihr den Sauerteig aus euren Häusern tun. Wer gesäuertes Brot ißt vom ersten Tage an bis auf den siebenten, des Seele soll ausgerottet werden von Israel.

16 Der Tag soll heilig sein, daß ihr zusammenkommt; und der siebente soll auch heilig sein, daß ihr zusammenkommt. Keine Arbeit sollt ihr an dem tun; außer, was zur Speise gehört für allerlei Seelen, das allein mögt ihr für euch tun.

17 Und haltet das ungesäuerte Brot; denn eben an demselben Tage habe ich euer Heer aus Ägyptenland geführt;

darum sollt ihr diesen Tag halten, ihr und alle eure Nachkommen, zur ewigen Weise.

18 Am vierzehnten Tage des ersten Monats, des Abends, sollt ihr ungesäuertes Brot essen bis an den einundzwanzigsten Tag des Monats an dem Abend,

19 daß man sieben Tage keinen Sauerteig finde in euren Häusern. Denn wer gesäuertes Brot ißt, des Seele soll ausgerottet werden aus der Gemeinde Israel, es sei ein Fremdling oder Einheimischer im Lande.

20 Darum so esset kein gesäuertes Brot, sondern eitel ungesäuertes Brot in allen euren Wohnungen.

21 Und Mose forderte alle Ältesten in Israel und sprach zu ihnen: Leset aus und nehmet Schafe für euch nach euren Geschlechtern und schlachtet das Passah.

22 Und nehmet ein Büschel Isop und taucht in das Blut in dem Becken und berühret damit die Oberschwelle und die zwei Pfosten. Und gehe kein Mensch zu seiner Haustür heraus bis an den Morgen.

23 Denn der HERR wird umhergehen

und die Ägypter plagen. Und wenn er das Blut sehen wird an der Oberschwelle und den zwei Pfosten, wird er an der Tür vorübergehen und den Verderber nicht in eure Häuser kommen lassen, zu plagen.

24 Darum so halte diese Weise für dich und deine Kinder ewiglich.

25 Und wenn ihr in das Land kommt, das euch der HERR geben wird, wie er geredet hat, so haltet diesen Dienst.

26 Und wenn eure Kinder werden zu euch sagen: Was habt ihr da für einen Dienst?

27 sollt ihr sagen: Es ist das Passahopfer des HERRN, der an den Kindern Israel vorüberging in Ägypten, da er die Ägypter plagte und unsere Häuser errettete. Da neigte sich das Volk und betete an.

28 Und die Kinder Israel gingen hin und taten, wie der HERR Mose und Aaron geboten hatte.

29 Und zur Mitternacht schlug der HERR alle Erstgeburt in Ägyptenland von dem ersten Sohn Pharaos an, der auf seinem Stuhl saß, bis auf den ersten Sohn des

Gefangenen im Gefängnis und alle Erstgeburt des Viehs.

30 Da stand Pharao auf und alle seine Knechte in derselben Nacht und alle Ägypter, und ward ein großes Geschrei in Ägypten; denn es war kein Haus, darin nicht ein Toter war.

31 Und er forderte Moses und Aaron in der Nacht und sprach: Macht euch auf und ziehet aus von meinem Volk, ihr und die Kinder Israel; gehet hin und dienet dem HERRN, wie ihr gesagt habt.

32 Nehmet auch mit euch eure Schafe und Rinder, wie ihr gesagt habt; gehet hin und segnet mich auch.

33 Und die Ägypter drängten das Volk, daß sie es eilend aus dem Lande trieben; denn sie sprachen: Wir sind alle des Todes.

34 Und das Volk trug den rohen Teig, ehe denn er versäuert war, zu ihrer Speise, gebunden in ihren Kleidern, auf ihren Achseln.

35 Und die Kinder Israel hatten getan, wie Mose gesagt hatte, und von den Ägyptern gefordert silberne und goldene Geräte und Kleider.

36 Dazu hatte der HERR dem Volk Gnade gegeben vor den Ägyptern, daß sie ihnen willfährig waren; und so nahmen sie es von den Ägyptern zur Beute.

37 Also zogen aus die Kinder Israel von Raemses gen Sukkoth, sechshunderttausend Mann zu Fuß ohne die Kinder.

38 Und es zog auch mit ihnen viel Pöbelvolk und Schafe und Rinder, sehr viel Vieh.

39 Und sie buken aus dem rohen Teig, den sie aus Ägypten brachten, ungesäuerte Kuchen; denn es war nicht gesäuert, weil sie aus Ägypten gestoßen wurden und nicht verziehen konnten und sich sonst keine Zehrung zubereitet hatten.

40 Die Zeit aber, die die Kinder Israel in Ägypten gewohnt haben, ist vierhundertunddreißig Jahre.

41 Da dieselben um waren, ging das ganze Heer des HERRN auf einen Tag aus Ägyptenland.

42 Darum wird diese Nacht dem HERRN gehalten, daß er sie aus Ägyptenland geführt hat; und die Kinder Israel sollen

sie dem HERRN halten, sie und ihre Nachkommen.

43 Und der HERR sprach zu Mose und Aaron: Dies ist die Weise Passah zu halten. Kein Fremder soll davon essen.

44 Aber wer ein erkaufter Knecht ist, den beschneide man, und dann esse er davon.

45 Ein Beisaß und Mietling sollen nicht davon essen.

46 In einem Hause soll man's essen; ihr sollt nichts von seinem Fleisch hinaus vor das Haus tragen und sollt kein Bein an ihm zerbrechen.

47 Die ganze Gemeinde Israel soll solches tun.

48 So aber ein Fremdling bei dir wohnt und dem HERRN das Passah halten will, der beschneide alles, was männlich ist; alsdann mache er sich herzu, daß er solches tue, und sei wie ein Einheimischer des Landes; denn kein Unbeschnittener soll davon essen.

49 Einerlei Gesetz sei dem Einheimischen und dem Fremdling, der unter euch wohnt.

50 Und alle Kinder Israel taten, wie der

HERR Mose und Aaron hatte geboten.

51 Also führte der HERR auf einen Tag die Kinder Israel aus Ägyptenland mit ihrem Heer.

13. Kapitel

Heiligung der Erstgeburt.
Gebot des ungesäuerten Brots.
Des Auszugs und Fortgang.

1 Und der HERR redete mit Mose und sprach:

2 Heilige mir alle Erstgeburt, die allerlei Mutter bricht bei den Kindern Israel, unter den Menschen und unter dem Vieh; denn sie sind mein.

3 Da sprach Mose zum Volk: Gedenket an diesen Tag, an dem ihr aus Ägypten, aus dem Diensthause, gegangen seid, daß der HERR euch mit mächtiger Hand von hinnen hat ausgeführt; darum sollst du nicht Sauerteig essen.

4 Heute seid ihr ausgegangen, in dem Monat Abib.

5 Wenn dich nun der HERR bringen wird

in das Land der Kanaaniter, Hethiter, Amoriter, Heviter und Jebusiter, daß er deinen Vätern geschworen hat dir zu geben, ein Land, darin Milch und Honig fließt, so sollst du diesen Dienst halten in diesem Monat.

6 Sieben Tage sollst du ungesäuertes Brot essen, und am siebenten Tage ist des HERRN Fest.

7 Darum sollst du sieben Tage ungesäuertes Brot essen, daß bei dir kein Sauerteig noch gesäuertes Brot gesehen werde an allen deinen Orten.

8 Ihr sollt euren Söhnen sagen an demselben Tage: Solches halten wir um deswillen, was uns der HERR getan hat, da wir aus Ägypten zogen.

9 Darum soll dir's sein ein Zeichen in deiner Hand und ein Denkmal vor deinen Augen, auf daß des HERRN Gesetz sei in deinem Munde; denn der HERR hat dich mit mächtiger Hand aus Ägypten geführt.

10 Darum halte diese Weise zu seiner Zeit jährlich.

11 Wenn dich nun der HERR ins Land der Kanaaniter gebracht hat, wie er dir und deinen Vätern geschworen hat und

dir's gegeben,

12 so sollst du aussondern dem HERRN alles, was die Mutter bricht, und alle Erstgeburt unter dem Vieh, was ein Männlein ist.

13 Die Erstgeburt vom Esel sollst du lösen mit einem Schaf; wo du es aber nicht lösest, so brich ihm das Genick. Aber alle erste Menschengeburt unter deinen Söhnen sollst du lösen.

14 Und wenn dich heute oder morgen dein Kind wird fragen: Was ist das? sollst du ihm sagen: Der HERR hat uns mit mächtiger Hand aus Ägypten, von dem Diensthause, geführt.

15 Denn da Pharao hart war, uns loszulassen, erschlug der HERR alle Erstgeburt in Ägyptenland, von der Menschen Erstgeburt an bis an die Erstgeburt des Viehs. Darum opfre ich dem HERRN alles, was die Mutter bricht, was ein Männlein ist, und die Erstgeburt meiner Söhne löse ich.

16 Das soll dir ein Zeichen in deiner Hand sein und ein Denkmal vor deinen Augen; denn der HERR hat uns mit mächtiger Hand aus Ägypten geführt.

17 Da nun Pharao das Volk gelassen hatte, führte sie Gott nicht auf der Straße durch der Philister Land, die am nächsten war; denn Gott gedachte es möchte das Volk gereuen, wenn sie den Streit sähen, und sie möchten wieder nach Ägypten umkehren.

18 Darum führte er das Volk um auf die Straße durch die Wüste am Schilfmeer. Und die Kinder Israel zogen gerüstet aus Ägyptenland.

19 Und Mose nahm mit sich die Gebeine Josephs. Denn er hatte einen Eid von den Kindern Israel genommen und gesprochen: Gott wird euch heimsuchen; so führt meine Gebeine mit euch von hinnen.

20 Also zogen sie aus von Sukkoth und lagerten sich in Etham, vorn an der Wüste.

21 Und der HERR zog vor ihnen her, des Tages in einer Wolkensäule, daß er den rechten Weg führte, und des Nachts in einer Feuersäule, daß er ihnen leuchtete, zu reisen Tag und Nacht.

22 Die Wolkensäule wich nimmer von dem Volk des Tages noch die Feuersäule des Nachts.

14. Kapitel

Des Auszugs Vollendung.
Der Ägypter Untergang im Roten Meer.

1 Und der HERR redete mit Mose und sprach:

2 Rede mit den Kindern Israel und sprich, daß sie sich herumlenken und sich lagern bei Pihachiroth, zwischen Migdol und dem Meer, gegen Baal-Zephon, und daselbst gegenüber sich lagern ans Meer.

3 Denn Pharao wird sagen von den Kindern Israel: Sie sind verirrt im Lande; die Wüste hat sie eingeschlossen.

4 Und ich will sein Herz verstocken, daß er ihnen nachjage, und will an Pharao und an aller seiner Macht Ehre einlegen, und die Ägypter sollen innewerden, daß ich der HERR bin. Und sie taten also.

5 Und da es dem König in Ägypten

angesagt ward, daß das Volk geflohen war, ward sein Herz verwandelt und das Herz seiner Knechte gegen das Volk, und sie sprachen: Warum haben wir das getan, daß wir Israel haben gelassen, daß sie uns nicht dienten?

6 Und er spannte seinen Wagen an und nahm sein Volk mit sich

7 und nahm sechshundert auserlesene Wagen und was sonst von Wagen in Ägypten war und die Hauptleute über all sein Heer.

8 Denn der HERR verstockte das Herz Pharaos, des Königs in Ägypten, daß er den Kindern Israel nachjagte. Aber die Kinder Israel waren durch eine hohe Hand ausgezogen.

9 Und die Ägypter jagten ihnen nach und ereilten sie (da sie sich gelagert hatten am Meer) mit Rossen und Wagen und Reitern und allem Heer des Pharao bei Pihachiroth, gegen Baal-Zephon.

10 Und da Pharao zu ihnen nahe kam, hoben die Kinder Israel ihre Augen auf, und siehe, die Ägypter zogen hinter ihnen her; und sie fürchteten sich sehr und schrieen zu dem HERRN

11 und sprachen zu Mose: Waren nicht genug Gräber in Ägypten, daß du uns mußtest wegführen, daß wir in der Wüste sterben? Warum hast du uns das getan, daß du uns aus Ägypten geführt hast?

12 Ist's nicht das, das wir dir sagten in Ägypten: Höre auf und laß uns den Ägyptern dienen? Denn es wäre uns ja besser den Ägyptern dienen als in der Wüste sterben.

13 Mose sprach zum Volk: Fürchtet euch nicht, stehet fest und sehet zu, was für ein Heil der HERR heute an euch tun wird. Denn diese Ägypter, die ihr heute sehet, werdet ihr nimmermehr sehen ewiglich.

14 Der HERR wird für euch streiten, und ihr werdet still sein.

15 Der HERR sprach zu Mose: Was schreist du zu mir? sage den Kindern Israel, daß sie ziehen.

16 Du aber hebe deinen Stab auf und recke deine Hand aus über das Meer und teile es voneinander, daß die Kinder Israel hineingehen, mitten hindurch auf dem Trockenen.

17 Siehe, ich will das Herz der Ägypter verstocken, daß sie euch nachfolgen. So

will ich Ehre einlegen an dem Pharao und an aller seiner Macht, an seinen Wagen und Reitern.

18 Und die Ägypter sollen innewerden, daß ich der HERR bin, wenn ich Ehre eingelegt habe an Pharao und an seinen Wagen und Reitern.

19 Da erhob sich der Engel Gottes, der vor dem Heer Israels her zog, und machte sich hinter sie; und die Wolkensäule machte sich auch von ihrem Angesicht und trat hinter sie

20 und kam zwischen das Heer der Ägypter und das Heer Israels. Es war aber eine finstere Wolke und erleuchtete die Nacht, daß sie die ganze Nacht, diese und jene, nicht zusammenkommen konnten.

21 Da nun Mose seine Hand reckte über das Meer, ließ es der HERR hinwegfahren durch einen starken Ostwind die ganze Nacht und machte das Meer trocken; und die Wasser teilten sich voneinander.

22 Und die Kinder Israel gingen hinein, mitten ins Meer auf dem Trockenen; und das Wasser war ihnen für Mauern zur Rechten und zur Linken.

23 Und die Ägypter folgten und gingen hinein ihnen nach, alle Rosse Pharaos und Wagen und Reiter, mitten ins Meer.

24 Als nun die Morgenwache kam, schaute der HERR auf der Ägypter Heer aus der Feuersäule und Wolke und machte einen Schrecken in ihrem Heer

25 und stieß die Räder von ihren Wagen, stürzte sie mit Ungestüm. Da sprachen die Ägypter: Laßt uns fliehen von Israel; der HERR streitet für sie wider die Ägypter.

26 Aber der HERR sprach zu Mose: Recke deine Hand aus über das Meer, daß das Wasser wieder herfalle über die Ägypter, über ihre Wagen und Reiter.

27 Da reckte Mose seine Hand aus über das Meer, und das Meer kam wieder vor morgens in seinen Strom, und die Ägypter flohen ihm entgegen. Also stürzte sie der HERR mitten ins Meer,

28 daß das Wasser wiederkam und bedeckte Wagen und Reiter und alle Macht des Pharao, die ihnen nachgefolgt waren ins Meer, daß nicht einer aus ihnen übrigblieb.

29 Aber die Kinder Israel gingen trocken

mitten durchs Meer; und das Wasser war ihnen für Mauern zur Rechten und zur Linken.

30 Also half der HERR Israel an dem Tage von der Ägypter Hand. Und sie sahen die Ägypter tot am Ufer des Meeres

31 und die große Hand, die der HERR an den Ägyptern erzeigt hatte. Und das Volk fürchtete den HERRN, und sie glaubten ihm und seinem Knecht Mose.

15. Kapitel

Mose's Lobgesang

1 Da sang Mose und die Kinder Israel dies Lied dem HERRN und sprachen: Ich will dem HERRN singen, denn er hat eine herrliche Tat getan; Roß und Mann hat er ins Meer gestürzt.

2 Der HERR ist meine Stärke und mein Lobgesang und ist mein Heil. Das ist mein Gott, ich will ihn preisen; er ist meines Vaters Gott, ich will ihn erheben.

3 Der HERR ist der rechte Kriegsmann;

HERR ist sein Name.

4 Die Wagen Pharaos und seine Macht warf er ins Meer; seine auserwählten Hauptleute versanken im Schilfmeer.

5 Die Tiefe hat sie bedeckt; sie fielen zu Grund wie die Steine.

6 HERR, deine rechte Hand tut große Wunder; HERR, deine rechte Hand hat die Feinde zerschlagen.

7 Und mit deiner großen Herrlichkeit hast du deine Widersacher gestürzt; denn da du deinen Grimm ausließest, verzehrte er sie wie Stoppeln.

8 Durch dein Blasen taten sich die Wasser empor, und die Fluten standen in Haufen; die Tiefe wallte voneinander mitten im Meer.

9 Der Feind gedachte: Ich will nachjagen und erhaschen und den Raub austeilen und meinen Mut an ihnen kühlen; ich will mein Schwert ausziehen, und meine Hand soll sie verderben.

10 Da ließest du deinen Wind blasen und das Meer bedeckte sie, und sie sanken unter wie Blei im mächtigen Wasser.

11 HERR, wer ist dir gleich unter den

Göttern? Wer ist dir gleich, der so mächtig, heilig, schrecklich, löblich und wundertätig sei?

12 Da du deine rechte Hand ausrecktest, verschlang sie die Erde.

13 Du hast geleitet durch deine Barmherzigkeit dein Volk, das du erlöst hast, und du hast sie geführt durch deine Stärke zu deiner heiligen Wohnung.

14 Da das die Völker hörten, erbebten sie; Angst kam die Philister an;

15 da erschraken die Fürsten Edoms; Zittern kam die Gewaltigen Moabs an; alle Einwohner Kanaans wurden feig.

16 Es fällt auf sie Erschrecken und Furcht durch deinen großen Arm, daß sie erstarren wie die Steine, bis dein Volk, HERR, hindurchkomme, das du erworben hast.

17 Du bringst sie hinein und pflanzest sie auf dem Berge deines Erbteils, den du, HERR, dir zur Wohnung gemacht hast, zu deinem Heiligtum, HERR, das deine Hand bereitet hat.

18 Der HERR wird König sein immer und ewig.

19 Denn Pharao zog hinein ins Meer mit

Rossen und Wagen und Reitern; und der HERR ließ das Meer wieder über sie fallen. Aber die Kinder Israel gingen trocken mitten durchs Meer.

20 Und Mirjam, die Prophetin, Aarons Schwester, nahm eine Pauke in ihre Hand, und alle Weiber folgten ihr nach hinaus mit Pauken im Reigen.

21 Und Mirjam sang ihnen vor: Laßt uns dem HERRN singen, denn er hat eine herrliche Tat getan; Roß und Mann hat er ins Meer gestürzt.

22 Mose ließ die Kinder Israel ziehen vom Schilfmeer hinaus zur Wüste Sur. Und sie wanderten drei Tage in der Wüste, daß sie kein Wasser fanden.

23 Da kamen sie gen Mara; aber sie konnten das Wasser nicht trinken, denn es war sehr bitter. Daher hieß man den Ort Mara.

24 Da murrte das Volk wider Mose und sprach: Was sollen wir trinken?

25 Er schrie zu dem HERRN, und der HERR wies ihm einen Baum; den tat er ins Wasser, da ward es süß. Daselbst stellte er ihnen ein Gesetz und ein Recht und versuchte sie

26 und sprach: Wirst du der Stimme des HERRN, deines Gottes, gehorchen und tun, was recht ist vor ihm, und zu Ohren fassen seine Gebote und halten alle seine Gesetze, so will ich der Krankheiten keine auf dich legen, die ich auf Ägypten gelegt habe; denn ich bin der HERR, dein Arzt.

27 Und sie kamen gen Elim, da waren zwölf Wasserbrunnen und siebzig Palmbäume, und sie lagerten sich daselbst ans Wasser.

16. Kapitel

Wachteln und Manna

1 Von Elim zogen sie aus; und die ganze Gemeinde der Kinder Israel kam in die Wüste Sin, die da liegt zwischen Elim und Sinai, am fünfzehnten Tage des zweiten Monats, nachdem sie aus Ägypten gezogen waren.

2 Und es murrte die ganze Gemeinde der Kinder Israel wider Mose und Aaron in der Wüste

3 und sprachen: Wollte Gott, wir wären

in Ägypten gestorben durch des HERRN Hand, da wir bei den Fleischtöpfen saßen und hatten die Fülle Brot zu essen; denn ihr habt uns ausgeführt in diese Wüste, daß ihr diese ganze Gemeinde Hungers sterben lasset.

4 Da sprach der HERR zu Mose: Siehe, ich will euch Brot vom Himmel regnen lassen, und das Volk soll hinausgehen und sammeln täglich, was es des Tages bedarf, daß ich's versuche, ob's in meinen Gesetzen wandle oder nicht.

5 Des sechsten Tages aber sollen sie zurichten, was sie einbringen, und es wird zwiefältig soviel sein, als sie sonst täglich sammeln.

6 Mose und Aaron sprachen zu allen Kindern Israel: Am Abend sollt ihr innewerden, daß euch der HERR aus Ägyptenland geführt hat,

7 und des Morgens werdet ihr des HERRN Herrlichkeit sehen; denn er hat euer Murren wider den HERRN gehört. Was sind wir, daß ihr wider uns murrt?

8 Weiter sprach Mose: Der HERR wird euch am Abend Fleisch zu essen geben und am Morgen Brots die Fülle, darum

daß der HERR euer Murren gehört hat, daß ihr wider ihn gemurrt habt. Denn was sind wir? Euer Murren ist nicht wider uns, sondern wider den HERRN.

9 Und Mose sprach zu Aaron: Sage der ganzen Gemeinde der Kinder Israel: Kommt herbei vor den HERRN, denn er hat euer Murren gehört.

10 Und da Aaron also redete zu der ganzen Gemeinde der Kinder Israel, wandten sie sich gegen die Wüste; und siehe, die Herrlichkeit des HERRN erschien in einer Wolke.

11 Und der HERR sprach zu Mose:

12 Ich habe der Kinder Israel Murren gehört. Sage ihnen: Gegen Abend sollt ihr Fleisch zu essen haben und am Morgen von Brot satt werden, und innewerden, daß ich der HERR, euer Gott, bin.

13 Und am Abend kamen Wachteln herauf und bedeckten das Heer. Und am Morgen lag der Tau um das Heer her.

14 Und als der Tau weg war, siehe, da lag's in der Wüste rund und klein wie der Reif auf dem Lande.

15 Und da es die Kinder Israel sahen,

sprachen sie untereinander: Man hu? (Das heißt: Was ist das?); denn sie wußten nicht was es war. Mose aber sprach zu ihnen: es ist das Brot, das euch der HERR zu essen gegeben hat.

16 Das ist's aber, was der HERR geboten hat: Ein jeglicher sammle, soviel er für sich essen mag, und nehme einen Gomer (1) auf ein jeglich Haupt nach der Zahl der Seelen in seiner Hütte.

17 Und die Kinder Israel taten also und sammelten, einer viel, der andere wenig.

18 Aber da man's mit dem Gomer maß, fand der nicht darüber, der viel gesammelt hatte, und der nicht darunter, der wenig gesammelt hatte; sondern ein jeglicher hatte gesammelt, soviel er für sich essen mochte.

19 Und Mose sprach zu ihnen: Niemand lasse etwas übrig bis morgen.

20 Aber sie gehorchten Mose nicht. Und da etliche ließen davon übrig bis morgen; da wuchsen Würmer darin und es ward stinkend. Und Mose ward zornig auf sie.

21 Sie sammelten aber alle Morgen, soviel ein jeglicher für sich essen mochte. Wenn aber die Sonne heiß schien,

zerschmolz es.

22 Und des sechsten Tages sammelten sie des Brots zwiefältig, je zwei Gomer für einen. Und alle Obersten der Gemeinde kamen hinein und verkündigten's Mose.

23 Und er sprach zu ihnen: Das ist's, was der HERR gesagt hat: Morgen ist der Sabbat der heiligen Ruhe des HERRN; was ihr backen wollt, das backt, und was ihr kochen wollt, das kocht; was aber übrig ist, das lasset bleiben, daß es behalten werde bis morgen.

24 Und sie ließen's bleiben bis morgen, wie Mose geboten hatte; da ward's nicht stinkend und war auch kein Wurm darin.

25 Da sprach Mose: Esset das heute, denn es ist heute der Sabbat des HERRN; ihr werdet's heute nicht finden auf dem Felde.

26 Sechs Tage sollt ihr sammeln; aber der siebente Tag ist der Sabbat, an dem wird nichts da sein.

27 Aber am siebenten Tage gingen etliche vom Volk hinaus, zu sammeln, und fanden nichts.

28 Da sprach der HERR zu Mose: Wie lange weigert ihr euch, zu halten meine

Gebote und Gesetze?

29 Sehet, der HERR hat euch den Sabbat gegeben; darum gibt er euch am sechsten Tage zweier Tage Brot. So bleibe nun ein jeglicher in dem Seinen, und niemand gehe heraus von seinem Ort des siebenten Tages.

30 Also feierte das Volk am siebenten Tage.

31 Und das Haus Israel hieß es Man. Und es war wie Koriandersamen und weiß und hatte den Geschmack wie Semmel mit Honig.

32 Und Mose sprach: Das ist's, was der HERR geboten hat: Fülle ein Gomer davon, es zu behalten auf eure Nachkommen, auf daß man sehe das Brot, damit ich euch gespeist habe in der Wüste, da ich euch aus Ägyptenland führte.

33 Und Mose sprach zu Aaron: Nimm ein Krüglein und tu ein Gomer voll Man darein und laß es vor dem HERRN, daß es behalten werde auf eure Nachkommen.

34 Wie der HERR dem Mose geboten hatte, also ließ es Aaron daselbst vor dem

Zeugnis, daß es behalten werde.

35 Und die Kinder Israel aßen Man vierzig Jahre, bis daß sie zu dem Lande kamen, da sie wohnen sollten; bis an die Grenze des Landes Kanaan aßen sie Man.

36 Ein Gomer aber ist der zehnte Teil eines Epha (2).

17. Kapitel

Die Kinder Israel werden aus einem Felsen getränkt. Sieg über die Amalekiter.

1 Und die ganze Gemeinde der Kinder Israel zog aus der Wüste Sin ihre Tagereisen, wie ihnen der HERR befahl, und sie lagerten sich in Raphidim. Da hatte das Volk kein Wasser zu trinken.

2 Und sie zankten mit Mose und sprachen: Gebt uns Wasser, daß wir trinken. Mose sprach zu ihnen: Was zankt ihr mit mir? Warum versucht ihr den HERRN?

3 Da aber das Volk daselbst dürstete nach Wasser, murrten sie wider Mose und sprachen: Warum hast du uns lassen

aus Ägypten ziehen, daß du uns, unsre Kinder und unser Vieh Durstes sterben ließest?

4 Mose schrie zum HERRN und sprach: Wie soll ich mit dem Volk tun? Es fehlt nicht viel, sie werden mich noch steinigen.

5 Der HERR sprach zu ihm: Gehe hin vor dem Volk und nimm etliche Älteste von Israel mit dir und nimm deinen Stab in deine Hand, mit dem du den Strom schlugst, und gehe hin.

6 Siehe, ich will daselbst stehen vor dir auf einem Fels am Horeb; da sollst du den Fels schlagen, so wird Wasser herauslaufen, daß das Volk trinke. Mose tat also vor den Ältesten von Israel.

7 Da hieß man den Ort Massa und Meriba um des Zanks willen der Kinder Israel, und daß sie den HERRN versucht und gesagt hatten: Ist der HERR unter uns oder nicht?

8 Da kam Amalek und stritt wider Israel in Raphidim.

9 Und Mose sprach zu Josua: Erwähle uns Männer, zieh aus und streite wider Amalek; morgen will ich auf des Hügels

Spitze stehen und den Stab Gottes in meiner Hand haben.

10 Und Josua tat, wie Mose ihm sagte, daß er wider Amalek stritte. Mose aber und Aaron und Hur gingen auf die Spitze des Hügels.

11 Und wenn Mose seine Hand emporhielt, siegte Israel; wenn er aber seine Hand niederließ, siegte Amalek.

12 Aber die Hände Mose's wurden schwer; darum nahmen sie einen Stein und legten ihn unter ihn, daß er sich daraufsetzte. Aaron aber und Hur stützten ihm seine Hände, auf jeglicher Seite einer. Also blieben seine Hände fest, bis die Sonne unterging.

13 Und Josua dämpfte den Amalek und sein Volk durch des Schwertes Schärfe.

14 Und der HERR sprach zu Mose: Schreibe das zum Gedächtnis in ein Buch und befiehls's in die Ohren Josuas; denn ich will den Amalek unter dem Himmel austilgen, daß man sein nicht mehr gedenke.

15 Und Mose baute einen Altar und hieß ihn: Der HERR ist mein Panier.

16 Denn er sprach: Es ist ein Malzeichen

bei dem Stuhl des HERRN, daß der HERR streiten wird wider Amalek von Kind zu Kindeskind.

18. Kapitel

Jethros Besuch bei Mose.
Einsetzung von Richtern.

1 Und da Jethro, der Priester in Midian, Mose's Schwiegervater, hörte alles, was Gott getan hatte mit Mose und seinem Volk Israel, daß der HERR Israel hätte aus Ägypten geführt,

2 nahm er Zippora, Mose's Weib, die er hatte zurückgesandt,

3 samt ihren zwei Söhnen, deren einer hieß Gerson (denn er sprach: Ich bin ein Gast geworden in fremdem Lande)

4 und der andere Elieser (denn er sprach: Der Gott meines Vaters ist meine Hilfe gewesen und hat mich errettet von dem Schwert Pharaos).

5 Da nun Jethro, Mose's Schwiegervater, und seine Söhne und sein Weib zu ihm kamen in die Wüste, an den Berg Gottes,

da er sich gelagert hatte,

6 ließ er Mose sagen: Ich, Jethro, dein Schwiegervater, bin zu dir gekommen und dein Weib und ihre beiden Söhne mit ihr.

7 Da ging Mose hinaus ihm entgegen und neigte sich vor ihm und küßte ihn. Und da sie sich untereinander gegrüßt hatten, gingen sie in die Hütte.

8 Da erzählte Mose seinem Schwiegervater alles, was der HERR dem Pharao und den Ägyptern getan hatte Israels halben, und alle die Mühsal, die ihnen auf dem Wege begegnet war, und daß sie der HERR errettet hätte.

9 Jethro aber freute sich all des Guten, das der HERR Israel getan hatte, daß er sie errettet hatte von der Ägypter Hand.

10 Und Jethro sprach: Gelobt sei der HERR, der euch errettet hat von der Ägypter und Pharaos Hand, der weiß sein Volk von der Ägypter Hand zu erretten.

11 Nun weiß ich, daß der HERR größer ist denn alle Götter, darum daß sie Hochmut an ihnen geübt haben.

12 Und Jethro, Mose's Schwiegervater, brachte Gott ein Brandopfer mit

Dankopfern. Da kamen Aaron und alle Ältesten in Israel, mit Mose's Schwiegervater das Brot zu essen vor Gott.

13 Des andern Morgens setzte sich Mose, das Volk zu richten; und das Volk stand um Mose her von Morgen an bis zu Abend.

14 Da aber sein Schwiegervater sah alles, was er dem Volke tat, sprach er: Was ist's, das du tust mit dem Volk? Warum sitzt du allein, und alles Volk steht um dich her von Morgen an bis zu Abend?

15 Mose antwortete ihm: Das Volk kommt zu mir, Gott um Rat zu fragen.

16 Denn wo sie was zu schaffen haben, kommen sie zu mir, daß ich richte zwischen einem jeglichen und seinem Nächsten und zeige ihnen Gottes Rechte und seine Gesetze.

[Nach dem Auszug der Israeliten aus Ägypten kam das Volk täglich zu Mose, damit er in ihren Anliegen Gott befrage. Als nun der Schwiegervater des Mose sah, was er alles mit dem Volk zu tun hatte, sagte er: 'Was machst du dir da mit dem Volk so viel zu schaffen? Warum sitzest du allein zu Gericht, während das ganze Volk vom Morgen bis zum Abend vor dir steht?' Mose antwortete seinem Schwiegervater: 'Ja, das Volk kommt zu mir, um Gott zu befragen. So oft sie einen Rechtshandel haben, kommen sie zu mir, damit ich Schiedsrichter zwischen den Parteien sei und ihnen Gottes Rechtssprüche und Entscheidungen kund tue'. (3)]

17 Sein Schwiegervater sprach zu ihm: Es ist nicht gut, was du tust.

18 Du machst dich zu müde, dazu das Volk auch, das mit dir ist. Das Geschäft ist dir zu schwer; du kannst's allein nicht ausrichten.

19 Aber gehorche meiner Stimme; ich will dir raten, und Gott wird mit dir sein. Pflege du des Volks vor Gott und bringe die Geschäfte vor Gott

20 und stelle ihnen Rechte und Gesetze, daß du sie lehrst den Weg, darin sie wandeln, und die Werke, die sie tun sollen.

21 Siehe dich aber um unter allem Volk nach redlichen Leuten, die Gott fürchten,

wahrhaftig und dem Geiz feind sind; die setze über sie, etliche über tausend, über hundert, über fünfzig und über zehn,

22 daß sie das Volk allezeit richten; wo aber eine große Sache ist, daß sie dieselbe an dich bringen, und sie alle geringen Sachen richten. So wird dir's leichter werden, und sie werden mit dir tragen.

23 Wirst du das tun, so kannst du ausrichten, was Gott dir gebietet, und all dies Volk kann mit Frieden an seinen Ort kommen.

24 Mose gehorchte seines Schwiegervaters Wort und tat alles, was er sagte,

25 und erwählte redliche Leute aus ganz Israel und machte sie zu Häuptern über das Volk, etliche über tausend, über hundert, über fünfzig und über zehn,

26 daß sie das Volk allezeit richteten; was aber schwere Sachen wären, zu Mose brächten, und die kleinen Sachen selber richteten.

27 Also ließ Mose seinen Schwiegervater in sein Land ziehen.

19. Kapitel

*Erscheinung Gottes auf dem Berge Sinai.
Vorbereitung auf die Gesetzgebung.*

1 Im dritten Monat nach dem Ausgang der Kinder Israel aus Ägyptenland kamen sie dieses Tages in die Wüste Sinai.

2 Denn sie waren ausgezogen von Raphidim und wollten in die Wüste Sinai und lagerten sich in der Wüste daselbst gegenüber dem Berge.

3 Und Mose stieg hinauf zu Gott. Und der HERR rief ihm vom Berge und sprach: So sollst du sagen dem Hause Jakob und verkündigen den Kindern Israel:

4 Ihr habt gesehen, was ich den Ägyptern getan habe, und wie ich euch getragen habe auf Adlerflügeln und habe euch zu mir gebracht.

5 Werdet ihr nun meiner Stimme gehorchen und meinen Bund halten, so sollt ihr mein Eigentum sein vor allen Völkern; denn die ganze Erde ist mein.

6 Und ihr sollt mir ein priesterlich Königreich und ein heiliges Volk sein. Das sind die Worte, die du den Kindern

Israel sagen sollst.

7 Mose kam und forderte die Ältesten im Volk und legte ihnen alle diese Worte vor, die der HERR geboten hatte.

8 Und alles Volk antwortete zugleich und sprach: Alles, was der HERR geredet hat, wollen wir tun. Und Mose sagte die Rede des Volkes dem HERRN wieder.

9 Und der HERR sprach zu Mose: Siehe, ich will zu dir kommen in einer dicken Wolke, auf daß dies Volk es höre, wenn ich mit dir rede, und glaube dir ewiglich. Und Mose verkündigte dem HERRN die Rede des Volks. [Ich werden diesmal die Wolke noch dichter machen, damit das ganze Volk es höre, wenn ich mit dir rede und dir für immer Glauben schenke. (4)]

10 Und der HERR sprach zu Mose: Gehe hin zum Volk und heilige sie heute und morgen, daß sie ihre Kleider waschen

11 und bereit seien auf den dritten Tag; denn am dritten Tage wird der HERR herabfahren auf den Berg Sinai.

12 Und mache dem Volk ein Gehege umher und sprich zu ihnen: Hütet euch, daß ihr nicht auf den Berg steiget noch sein Ende anrührt; denn wer den Berg

anrührt, soll des Todes sterben.

13 Keine Hand soll ihn anrühren, sondern er soll gesteinigt oder mit Geschoß erschossen werden; es sei ein Tier oder ein Mensch, so soll er nicht leben. Wenn es aber lange tönen wird, dann sollen sie an den Berg gehen. [Erst, wenn das Widderhorn geblasen wird, dürfen sie auf den Berg steigen. (5)]

14 Mose stieg vom Berge zum Volk und heiligte sie, und sie wuschen ihre Kleider.

15 Und er sprach zu ihnen: Seid bereit auf den dritten Tag, und keiner nahe sich zum Weibe.

16 Als nun der dritte Tag kam und es Morgen war, da erhob sich ein Donnern und Blitzen und eine dicke Wolke auf dem Berge und ein Ton einer sehr starken Posaune; das ganze Volk aber, das im Lager war, erschrak.

17 Und Mose führte das Volk aus dem Lager Gott entgegen, und es trat unten an den Berg.

18 Der ganze Berg Sinai aber rauchte, darum daß der HERR herab auf den Berg fuhr mit Feuer; und sein Rauch ging auf wie ein Rauch vom Ofen, daß der ganze

Berg sehr bebte.

19 Und der Posaune Ton ward immer stärker. Mose redete, und Gott antwortete ihm laut.

[Der Berg Sinai war ganz in Rauch gehüllt, weil der HERR im Feuer auf ihn herab gefahren war; Rauch stieg vor ihm auf, wie der Rauch eines Schmelzofens, und der ganze Berg erbebte. Und der Posaunenschall wurde immer gewaltiger. Mose redete und der Herr antwortete ihm mit lauter Stimme. (6)]

20 Als nun der HERR herniedergekommen war auf den Berg Sinai, oben auf seine Spitze, forderte er Mose oben auf die Spitze des Berges, und Mose stieg hinauf.

21 Da sprach der HERR zu ihm: Steig hinab und bezeuge dem Volk, daß sie nicht durchbrechen zum HERRN, ihn zu sehen, und viele aus ihnen fallen.

22 Dazu die Priester, die zum HERRN nahen, sollen sich heiligen, daß sie der HERR nicht zerschmettere.

23 Mose aber sprach zum HERRN: Das Volk kann nicht auf den Berg Sinai steigen; denn du hast uns bezeugt und

gesagt: Mache ein Gehege um den Berg und heilige ihn.

24 Und der HERR sprach zu ihm: Gehe hin, steige hinab! Du und Aaron mit dir sollt heraufsteigen; aber die Priester und das Volk sollen nicht durchbrechen, daß sie hinaufsteigen zu dem HERRN, daß er sie nicht zerschmettere.

25 Und Mose stieg herunter zum Volk und sagte es ihm.

20. Kapitel

Die Heiligen Zehn Gebote

1 Und Gott redete alle diese Worte:

2 Ich bin der HERR, dein Gott, der ich dich aus Ägyptenland, aus dem Diensthause, geführt habe.

3 Du sollst keine anderen Götter neben mir haben.

4 Du sollst dir kein Bildnis noch irgend ein Gleichnis machen, weder des, das oben im Himmel, noch des, das unten auf Erden, oder des, das im Wasser unter der Erde ist.

5 Bete sie nicht an und diene ihnen nicht. Denn ich, der HERR, dein Gott, bin ein eifriger Gott, der da heimsucht der Väter Missetat an den Kindern bis in das dritte und vierte Glied, die mich hassen;

6 und tue Barmherzigkeit an vielen Tausenden, die mich liebhaben und meine Gebote halten.

7 Du sollst den Namen des HERRN, deines Gottes, nicht mißbrauchen; denn der HERR wird den nicht ungestraft lassen, der seinen Namen mißbraucht.

8 Gedenke des Sabbattags, daß Du ihn heiligest.

9 Sechs Tage sollst du arbeiten und alle deine Dinge beschicken;

10 aber am siebenten Tage ist der Sabbat des HERRN, deines Gottes; da sollst du kein Werk tun noch dein Sohn noch deine Tochter noch dein Knecht noch deine Magd noch dein Vieh noch dein Fremdling, der in deinen Toren ist.

11 Denn in sechs Tagen hat der HERR Himmel und Erde gemacht und das Meer und alles, was darinnen ist, und ruhte am siebenten Tage. Darum segnete der HERR den Sabbattag und heiligte ihn.

12 Du sollst deinen Vater und deine Mutter ehren, auf daß du lange lebest in dem Lande, daß dir der HERR, dein Gott, gibt.

13 Du sollst nicht töten.

14 Du sollst nicht ehebrechen.

15 Du sollst nicht stehlen.

16 Du sollst kein falsch Zeugnis reden wider deinen Nächsten.

17 Laß dich nicht gelüsten deines Nächsten Hauses. Laß dich nicht gelüsten deines Nächsten Weibes, noch seines Knechtes noch seiner Magd, noch seines Ochsen noch seines Esels, noch alles, was dein Nächster hat.

18 Und alles Volk sah den Donner und Blitz und den Ton der Posaune und den Berg rauchen. Da sie aber solches sahen, flohen sie und traten von ferne

19 und sprachen zu Mose: Rede du mit uns, wir wollen gehorchen; und laß Gott nicht mit uns reden, wir möchten sonst sterben.

20 Mose aber sprach zum Volk: Fürchtet euch nicht; denn Gott ist gekommen, daß er euch versuchte und daß seine Furcht euch vor Augen wäre, daß ihr nicht

sündigt.

21 Also trat das Volk von ferne; aber Mose machte sich hinzu in das Dunkel, darin Gott war.

22 Und der HERR sprach zu ihm: Also sollst du den Kindern Israel sagen: Ihr habt gesehen, daß ich mit euch vom Himmel geredet habe.

23 Darum sollt ihr nichts neben mir machen; silberne und goldene Götter sollt ihr nicht machen.

24 Einen Altar von Erde mache mir, darauf du dein Brandopfer und Dankopfer, deine Schafe und Rinder opferst. Denn an welchem Ort ich meines Namens Gedächtnis stiften werde, da will ich zu dir kommen und dich segnen.

25 Und so du mir einen steinernen Altar machen willst, sollst du ihn nicht von gehauenen Steinen bauen; denn wo du mit deinem Messer darüber fährst, so wirst du ihn entweihen.

26 Du sollst auch nicht auf Stufen zu meinem Altar steigen, daß nicht deine Blöße aufgedeckt werde vor ihm.

21. Kapitel

Gesetze über Leibeigenschaft,
Totschlag und Körperverletzung.

1 Dies sind die Rechte, die du ihnen sollst vorlegen:

2 So du einen hebräischen Knecht kaufst, der soll dir sechs Jahre dienen; im siebenten Jahr soll er frei ausgehen umsonst.

3 Ist er ohne Weib gekommen, so soll er auch ohne Weib ausgehen; ist er aber mit Weib gekommen, so soll sein Weib mit ihm ausgehen.

4 Hat ihm aber sein Herr ein Weib gegeben, und er hat Söhne oder Töchter gezeugt, so soll das Weib und die Kinder seines Herrn sein, er aber soll ohne Weib ausgehen.

5 Spricht aber der Knecht: Ich habe meinen Herren lieb und mein Weib und Kind, ich will nicht frei werden,

6 so bringe ihn sein Herr vor die "Götter" und halte ihn an die Tür oder den Pfosten und bohre ihm mit einem Pfriem durch sein Ohr, und er sei sein Knecht ewig.

7 Verkauft jemand seine Tochter zur Magd, so soll sie nicht ausgehen wie die Knechte.

8 Gefällt sie aber ihrem Herrn nicht und will er sie nicht zur Ehe nehmen, so soll er sie zu lösen geben. Aber unter ein fremdes Volk sie zu verkaufen hat er nicht Macht, weil er sie verschmäht hat.

9 Vertraut er sie aber seinem Sohn, so soll er Tochterrecht an ihr tun.

10 Gibt er ihm aber noch eine andere, so soll er an ihrer Nahrung, Kleidung und Eheschuld nichts abbrechen.

11 Tut er diese drei nicht, so soll sie frei ausgehen ohne Lösegeld.

12 Wer einen Menschen schlägt, daß er stirbt, der soll des Todes sterben.

13 Hat er ihm aber nicht nachgestellt, sondern Gott hat ihn lassen ungefähr in seine Hände fallen, so will ich dir einen Ort bestimmen, dahin er fliehen soll.

14 Wo aber jemand seinem Nächsten frevelt und ihn mit List erwürgt, so sollst du denselben von meinem Altar nehmen, daß man ihn töte.

15 Wer Vater und Mutter schlägt, der soll des Todes sterben.

16 Wer einen Menschen stiehlt, es sei, daß er ihn verkauft oder daß man ihn bei ihm findet, der soll des Todes sterben.

17 Wer Vater und Mutter flucht, der soll des Todes sterben.

18 Wenn Männer mit einander hadern und einer schlägt den andern mit einem Stein oder mit einer Faust, daß er nicht stirbt, sondern zu Bette liegt:

19 kommt er auf, daß er ausgeht an seinem Stabe, so soll, der ihn schlug, unschuldig sein, nur daß er ihm bezahle, was er versäumt hat, und das Arztgeld gebe.

20 Wer seinen Knecht oder seine Magd schlägt mit einem Stabe, daß sie sterben unter seinen Händen, der soll darum gestraft werden.

21 Bleibt er aber einen oder zwei Tage am Leben, so soll er darum nicht gestraft werden; denn es ist sein Geld.

22 Wenn Männer hadern und verletzen ein schwangeres Weib, daß ihr die Frucht abgeht, und ihr kein Schade widerfährt, so soll man ihn um Geld strafen, wieviel des Weibes Mann ihm auflegt, und er soll's geben nach der Schiedsrichter

Erkennen.

23 Kommt ihr aber ein Schade daraus, so soll er lassen Seele um Seele,

24 Auge um Auge, Zahn um Zahn, Hand um Hand, Fuß um Fuß,

25 Brand um Brand, Wunde um Wunde, Beule um Beule.

26 Wenn jemand seinen Knecht oder seine Magd in ein Auge schlägt und verderbt es, der soll sie frei loslassen um das Auge.

27 Desgleichen, wenn er seinem Knecht oder seiner Magd einen Zahn ausschlägt, soll er sie frei loslassen um den Zahn.

28 Wenn ein Ochse einen Mann oder ein Weib stößt, daß sie sterben, so soll man den Ochsen steinigen und sein Fleisch nicht essen; so ist der Herr des Ochsen unschuldig.

29 Ist aber der Ochse zuvor stößig gewesen, und seinem Herrn ist's angesagt, und hat ihn nicht verwahrt, und er tötet darüber einen Mann oder ein Weib, so soll man den Ochsen steinigen, und sein Herr soll sterben.

30 Wird man aber ein Lösegeld auf ihn legen, so soll er geben, sein Leben zu

lösen, was man ihm auflegt.

31 Desgleichen soll man mit ihm handeln, wenn er Sohn oder Tochter stößt.

32 Stößt er aber einen Knecht oder eine Magd, so soll er ihrem Herrn dreißig Silberlinge geben, und den Ochsen soll man steinigen.

33 So jemand eine Grube auftut oder gräbt eine Grube und deckt sie nicht zu, und es fällt ein Ochse oder Esel hinein,

34 so soll's der Herr der Grube mit Geld dem andern wiederbezahlen; das Aas aber soll sein sein.

35 Wenn jemandes Ochse eines andern Ochsen stößt, daß er stirbt, so sollen sie den lebendigen Ochsen verkaufen und das Geld teilen und das Aas auch teilen.

36 Ist's aber kund gewesen, daß der Ochse zuvor stößig war, und sein Herr hat ihn nicht verwahrt, so soll er einen Ochsen für den andern vergelten und das Aas haben.

22. Kapitel

Gesetze gegen Beschädigung am Eigentum des Nächsten, gegen Unterdrückung der Armen und dergleichen.

1 Wenn jemand einen Ochsen oder ein Schaf stiehlt und schlachtet's oder verkauft's, der soll fünf Ochsen für einen Ochsen wiedergeben und vier Schafe für ein Schaf.

2 Wenn ein Dieb ergriffen wird, daß er einbricht, und wird dabei geschlagen, daß er stirbt, so soll man kein Blutgericht über jenen lassen gehen.

3 Ist aber die Sonne über ihn aufgegangen, so soll man das Blutgericht gehen lassen. Es soll aber ein Dieb wiedererstatten; hat er nichts, so verkaufe man ihn um seinen Diebstahl.

4 Findet man aber bei ihm den Diebstahl lebendig, es sei ein Ochse, Esel oder Schaf, so soll er's zwiefältig wiedergeben.

5 Wenn jemand einen Acker oder Weinberg beschädigt, daß er sein Vieh läßt Schaden tun in eines andern Acker, der soll von dem Besten auf seinem

Acker und Weinberg wiedererstatten.

6 Wenn ein Feuer auskommt und ergreift die Dornen und verbrennt die Garben oder Getreide, das noch steht, oder den Acker, so soll der wiedererstatten, der das Feuer angezündet hat.

7 Wenn jemand seinem Nächsten Geld oder Geräte zu bewahren gibt, und es wird demselben aus seinem Hause gestohlen: findet man den Dieb, so soll er's zwiefältig wiedergeben;

8 findet man aber den Dieb nicht, so soll man den Hauswirt vor die "Götter" bringen, ob er nicht seine Hand habe an seines Nächsten Habe gelegt.

9 Wo einer den andern beschuldigt um irgend ein Unrecht, es sei um Ochsen oder Esel oder Schaf oder Kleider oder allerlei, das verloren ist, so soll beider Sache vor die "Götter" kommen. Welchen die "Götter" verdammen, der soll's zwiefältig seinem Nächsten wiedergeben.

10 Wenn jemand seinem Nächsten einen Esel oder Ochsen oder ein Schaf oder irgend ein Vieh zu bewahren gibt, und es stirbt ihm oder wird beschädigt oder wird

ihm weggetrieben, daß es niemand sieht,

11 so soll man's unter ihnen auf einen Eid bei dem HERRN kommen lassen, ob er nicht habe seine Hand an seines Nächsten Habe gelegt; und des Gutes Herr soll's annehmen, also daß jener nicht bezahlen müsse.

12 Stiehlt's ihm aber ein Dieb, so soll er's seinem Herrn bezahlen.

13 Wird es aber zerrissen, soll er Zeugnis davon bringen und nicht bezahlen.

14 Wenn's jemand von seinem Nächsten entlehnt, und es wird beschädigt oder stirbt, daß sein Herr nicht dabei ist, so soll er's bezahlen.

15 Ist sein Herr aber dabei, soll er's nicht bezahlen, so er's um sein Geld gedingt hat.

16 Wenn jemand eine Jungfrau beredet, die noch nicht verlobt ist, und bei ihr schläft, der soll ihr geben ihre Morgengabe und sie zum Weibe haben.

17 Weigert sich aber ihr Vater, sie ihm zu geben, soll er Geld darwägen, wieviel einer Jungfrau zur Morgengabe gebührt.

18 Die Zauberinnen sollst du nicht leben

lassen.

19 Wer bei einem Vieh liegt, der soll des Todes sterben.

20 Wer den Göttern opfert und nicht dem HERRN allein, der sei verbannt.

21 Die Fremdlinge sollst du nicht schinden noch unterdrücken; denn ihr seid auch Fremdlinge in Ägyptenland gewesen.

22 Ihr sollt keine Witwen und Waisen bedrängen.

23 Wirst du sie bedrängen, so werden sie zu mir schreien, und ich werde ihr Schreien erhören;

24 so wird mein Zorn ergrimmen, daß ich euch mit dem Schwert töte und eure Weiber Witwen und eure Kinder Waisen werden.

25 Wenn du Geld leihst einem aus meinem Volk, der arm ist bei dir, sollst du ihn nicht zu Schaden bringen und keinen Wucher an ihm treiben.

26 Wenn du von deinem Nächsten ein Kleid zum Pfande nimmst, sollst du es ihm wiedergeben, ehe die Sonne untergeht;

27 denn sein Kleid ist seine einzige Decke seiner Haut, darin er schläft. Wird

er aber zu mir schreien, so werde ich ihn erhören; denn ich bin gnädig.

28 Den "Göttern" sollst du nicht fluchen, und den Obersten in deinem Volk nicht lästern.

29 Deiner Frucht Fülle und Saft sollst du nicht zurückhalten. Deinen ersten Sohn sollst du mir geben.

30 So sollst du auch tun mit deinem Ochsen und Schafe. Sieben Tage laß es bei seiner Mutter sein, am achten Tag sollst du mir's geben.

31 Ihr sollt heilige Leute vor mir sein; darum sollt ihr kein Fleisch essen, das auf dem Felde von Tieren zerrissen ist, sondern es vor die Hunde werfen.

23. Kapitel

Gesetze von Gerechtigkeit und Nächstenliebe. Austreibung der Kanaaniter verheißen und geboten.

1 Du sollst falscher Anklage nicht glauben, daß du einem Gottlosen Beistand tust und ein falscher Zeuge seist.

2 Du sollst nicht folgen der Menge zum Bösen und nicht also verantworten vor Gericht, daß du der Menge nach vom Rechten weichest.

3 Du sollst den Geringen nicht beschönigen in seiner Sache.

4 Wenn du deines Feindes Ochsen oder Esel begegnest, daß er irrt, so sollst du ihm denselben wieder zuführen.

5 Wenn du den Esel des, der dich haßt, siehst unter seiner Last liegen, hüte dich, und laß ihn nicht, sondern versäume gerne das Deine um seinetwillen.

6 Du sollst das Recht deines Armen nicht beugen in seiner Sache.

7 Sei ferne von falschen Sachen. Den Unschuldigen und Gerechten sollst du nicht erwürgen; denn ich lasse den Gottlosen nicht Recht haben.

8 Du sollst nicht Geschenke nehmen; denn Geschenke machen die Sehenden blind und verkehren die Sachen der Gerechten.

9 Die Fremdlinge sollt ihr nicht unterdrücken; denn ihr wisset um der Fremdlinge Herz, dieweil ihr auch seid Fremdlinge in Ägyptenland gewesen.

10 Sechs Jahre sollst du dein Land besäen und seine Früchte einsammeln.

11 Im siebenten Jahr sollst du es ruhen und liegen lassen, daß die Armen unter deinem Volk davon essen; und was übrigbleibt, laß das Wild auf dem Felde essen. Also sollst du auch tun mit deinem Weinberg und Ölberg.

12 Sechs Tage sollst du deine Arbeit tun; aber des siebenten Tages sollst du feiern, auf daß dein Ochs und Esel ruhen und deiner Magd Sohn und der Fremdling sich erquicken.

13 Alles, was ich euch gesagt habe, das haltet. Und anderer Götter Namen sollt ihr nicht gedenken, und aus eurem Munde sollen sie nicht gehört werden.

14 Dreimal sollt ihr mir Feste halten im Jahr:

15 das Fest der ungesäuerten Brote sollst du halten, daß du sieben Tage ungesäuertes Brot essest, wie ich dir geboten habe, um die Zeit des Monats Abib; denn in demselben bist du aus Ägypten gezogen. Erscheint aber nicht leer vor mir.

16 Und das Fest der Ernte, der Erstlinge

deiner Früchte, die du auf dem Felde gesät hast. Und das Fest der Einsammlung im Ausgang des Jahres, wenn du deine Arbeit eingesammelt hast vom Felde.

17 Dreimal im Jahre soll erscheinen vor dem HERRN, dem Herrscher, alles, was männlich ist unter dir.

18 Du sollst das Blut meines Opfers nicht neben dem Sauerteig opfern, und das Fett von meinem Fest soll nicht bleiben bis auf morgen.

19 Die Erstlinge von der ersten Frucht auf deinem Felde sollst du bringen in das Haus des HERRN, deines Gottes. Und sollst das Böcklein nicht kochen in seiner Mutter Milch.

20 Siehe, ich sende einen Engel vor dir her, der dich behüte auf dem Wege und bringe dich an den Ort, den ich bereitet habe.

21 Darum hüte dich vor seinem Angesicht und gehorche seiner Stimme und erbittere ihn nicht; denn er wird euer Übertreten nicht vergeben, und mein Name ist in ihm.

22 Wirst du aber eine Stimme hören und

tun alles, was ich dir sagen werde, so will ich deiner Feinde Feind und deiner Widersacher Widersacher sein.

23 Wenn nun mein Engel vor dir her geht und dich bringt an die Amoriter, Hethiter, Pheresiter, Kanaaniter, Heviter und Jebusiter und ich sie vertilge,

24 so sollst du ihre Götter nicht anbeten noch ihnen dienen und nicht tun, wie sie tun, sondern du sollst ihre Götzen umreißen und zerbrechen.

25 Aber dem HERRN, eurem Gott, sollt ihr dienen, so wird er dein Brot und dein Wasser segnen, und ich will alle Krankheit von dir wenden.

26 Es soll nichts Unträchtiges noch Unfruchtbares sein in deinem Lande, und ich will dich lassen alt werden.

27 Ich will meinen Schrecken vor dir her senden und alles Volk verzagt machen, dahin du kommst, und will dir alle deine Feinde in die Flucht geben.

28 Ich will Hornissen vor dir her senden, die vor dir her ausjagen die Heviter, Kanaaniter und Hethiter.

29 Ich will sie nicht auf ein Jahr ausstoßen vor dir, auf daß nicht das Land

wüst werde und sich wilde Tiere wider dich mehren;

30 einzeln nacheinander will ich sie vor dir her ausstoßen, bis du wächsest und das Land besitzest.

31 Und will deine Grenze setzen von dem Schilfmeer bis an das Philistermeer und von der Wüste bis an den Strom. Denn ich will dir in deine Hand geben die Einwohner des Landes, daß du sie sollst ausstoßen vor dir her.

32 Du sollst mit ihnen oder mit ihren Göttern keinen Bund machen;

33 sondern laß sie nicht wohnen in deinem Lande, daß sie dich nicht verführen wider mich. Denn wo du ihren Göttern dienst, wird dir's zum Fall geraten.

24. Kapitel

Bundesbuch und Bundesopfer. Die Priester und die siebzig Ältesten schauen den Herrn. Mose steigt wieder auf den Berg.

1 Und zu Mose sprach er: Steig herauf

zum HERRN, du und Aaron, Nadab und Abihu und siebzig von den Ältesten Israels, und betet an von ferne.

2 Aber Mose allein nahe sich zum HERRN und lasse jene nicht herzu nahen, und das Volk komme auch nicht zu ihm herauf.

3 Mose kam und erzählte dem Volk alle Worte des HERRN und alle Rechte. Da antwortete alles Volk mit einer Stimme und sprachen: Alle Worte, die der HERR gesagt hat, wollen wir tun.

4 Da schrieb Mose alle Worte des HERRN und machte sich des Morgens früh auf und baute einen Altar unten am Berge mit zwölf Säulen nach den zwölf Stämmen Israels,

5 und sandte hin Jünglinge aus den Kindern Israel, daß sie Brandopfer darauf opferten und Dankopfer dem HERRN von Farren.

6 Und Mose nahm die Hälfte des Blutes und tat's in ein Becken, die andere Hälfte sprengte er auf den Altar.

7 Und nahm das Buch des Bundes und las es vor den Ohren des Volkes. Und da sie sprachen: Alles, was der HERR gesagt

hat, das wollen wir tun und gehorchen,

8 da nahm Mose das Blut und besprengte das Volk damit und sprach: Sehet, das ist das Blut des Bundes, den der HERR mit euch macht über allen diesen Worten.

9 Da stiegen Mose und Aaron, Nadab und Abihu und siebzig von den Ältesten Israels hinauf

10 und sahen den Gott Israels. Unter seinen Füßen war es wie ein schöner Saphir und wie die Gestalt des Himmels, wenn's klar ist.

11 Und er reckte seine Hand nicht aus wider die Obersten in Israel. Und da sie Gott geschaut hatten, aßen und tranken sie.

12 Und der HERR sprach zu Mose: Komm herauf zu mir auf den Berg und bleib daselbst, daß ich dir gebe steinerne Tafeln und Gesetze und Gebote, die ich geschrieben habe, die du sie lehren sollst.

13 Da machte sich Mose auf mit seinem Diener Josua und stieg auf den Berg Gottes

14 und sprach zu den Ältesten: Bleibet

hier, bis wir wieder zu euch kommen. Siehe, Aaron und Hur sind bei euch; hat jemand eine Sache, der komme vor dieselben.

15 Da nun Mose auf den Berg kam, bedeckte eine Wolke den Berg,

16 und die Herrlichkeit des HERRN wohnte auf dem Berge Sinai und deckte ihn mit der Wolke sechs Tage, und er rief Mose am siebenten Tage aus der Wolke.

17 Und das Ansehen der Herrlichkeit des HERRN war wie ein verzehrendes Feuer auf der Spitze des Berges vor den Kindern Israel.

18 Und Mose ging mitten in die Wolke und stieg auf den Berg und blieb auf dem Berg vierzig Tage und vierzig Nächte.

25. Kapitel

Hebeopfer zur Stiftshütte.
Die Lade und der Gnadenstuhl,
der Schaubrottisch, der Leuchter.

1 Und der HERR redete mit Mose und sprach:

2 Sage den Kindern Israel, daß sie mir ein Hebopfer geben; und nehmt dasselbe von jedermann, der es willig gibt.

3 Das ist aber das Hebopfer, das ihr von ihnen nehmen sollt: Gold, Silber, Erz,

4 blauer und roter Purpur, Scharlach, köstliche weiße Leinwand, Ziegenhaar,

5 rötliche Widderfelle, Dachsfelle, Akazienholz,

6 Öl zur Lampe, Spezerei zur Salbe und zu gutem Räuchwerk,

7 Onyxsteine und eingefaßte Steine zum Leibrock und zum Amtschild.

8 Und sie sollen mir ein Heiligtum machen, daß ich unter ihnen wohne.

9 Wie ich dir ein Vorbild der Wohnung und alles ihres Geräts zeigen werde, so sollt ihr's machen.

10 Macht eine Lade aus Akazienholz; dritthalb Ellen soll die Länge sein, anderthalb Ellen die Breite und anderthalb Ellen die Höhe.

11 Du sollst sie mit Gold überziehen inwendig und auswendig, und mache einen goldenen Kranz oben umher.

12 Und gieße vier goldene Ringe und mache sie an ihre vier Ecken, also daß

zwei Ringe seien auf einer Seite und zwei auf der andern Seite.

13 Und mache Stangen von Akazienholz und überziehe sie mit Gold

14 und stecke sie in die Ringe an der Lade Seiten, daß man sie damit trage;

15 sie sollen in den Ringen bleiben und nicht herausgetan werden.

16 Und sollst in die Lade das Zeugnis legen, das ich dir geben werde.

17 Du sollst auch einen Gnadenstuhl machen von feinem Golde; dritthalb Ellen soll seine Länge sein und anderthalb Ellen seine Breite.

18 Und du sollst zwei Cherubim machen von getriebenem Golde zu beiden Enden des Gnadenstuhls,

19 daß ein Cherub sei an diesem Ende, der andere an dem andern Ende, und also zwei Cherubim seien an des Gnadenstuhls Enden.

20 Und die Cherubim sollen ihre Flügel ausbreiten von oben her, daß sie mit ihren Flügeln den Gnadenstuhl bedecken und eines jeglichen Antlitz gegen das des andern stehe; und ihre Antlitze sollen auf den Gnadenstuhl sehen.

21 Und sollst den Gnadenstuhl oben auf die Lade tun und in die Lade das Zeugnis legen, das ich dir geben werde.

22 Von dem Ort will ich mich dir bezeugen und mit dir reden, nämlich von dem Gnadenstuhl zwischen den zwei Cherubim, der auf der Lade des Zeugnisses ist, alles, was ich dir gebieten will an die Kinder Israel.

23 Du sollst auch einen Tisch machen von Akazienholz; zwei Ellen soll seine Länge sein und eine Elle sein Breite und anderthalb Ellen seine Höhe.

24 Und sollst ihn überziehen mit feinem Gold und einen goldenen Kranz umher machen

25 und eine Leiste umher, eine Handbreit hoch, und einen goldenen Kranz um die Leiste her.

26 Und sollst vier goldene Ringe daran machen an die vier Ecken an seinen vier Füßen.

27 Hart unter der Leiste sollen die Ringe sein, daß man Stangen darein tue und den Tisch trage.

28 Und sollst die Stangen von Akazienholz machen und sie mit Gold

überziehen, daß der Tisch damit getragen werde.

29 Du sollst auch aus feinem Golde seine Schüsseln und Löffel machen, seine Kannen und Schalen, darin man das Trankopfer darbringe.

30 Und sollst auf den Tisch allezeit Schaubrote legen vor mir.

31 Du sollst auch einen Leuchter von feinem, getriebenem Golde machen; daran soll der Schaft mit Röhren, Schalen, Knäufen und Blumen sein.

32 Sechs Röhren sollen aus dem Leuchter zu den Seiten ausgehen, aus jeglicher Seite drei Röhren.

33 Eine jegliche Röhre soll drei offene Schalen mit Knäufen und Blumen haben; so soll es sein bei den sechs Rohren aus dem Leuchter.

34 Aber der Schaft am Leuchter soll vier offene Schalen mit Knäufen und Blumen haben

35 und je einen Knauf unter zwei von den Sechs Röhren, welche aus dem Leuchter gehen.

36 Beide, die Knäufe und Röhren, sollen aus ihm gehen, alles getriebenes,

lauteres Gold.

37 Und sollst sieben Lampen machen obenauf, daß sie nach vornehin leuchten,

38 und Lichtschneuzen und Löschnäpfe von feinem Golde.

39 Aus einem Zentner feinen Goldes sollst du das machen mit allem diesem Gerät.

40 Und siehe zu, daß du es machst nach dem Bilde, das du auf dem Berge gesehen hast.

26. Kapitel

Die Stiftshütte mit den beiden Vorhängen.

1 Die Wohnung sollst du machen von zehn Teppichen, von gezwirnter, weißer Leinwand, von blauem und rotem Purpur und von Scharlach. Cherubim sollst du daran machen von kunstreicher Arbeit.

2 Die Länge eines Teppichs soll achtundzwanzig Ellen sein, die Breite vier Ellen, und sollen alle zehn gleich sein.

3 Und sollen je fünf zu einem Stück zusammengefügt sein, einer an den

andern.

4 Und sollst Schleifen machen von blauem Purpur an jegliches Stück am Rand, wo die zwei Stücke sollen zusammengeheftet werden;

5 fünfzig Schleifen an jegliches Stück, daß eine Schleife der andern gegenüberstehe.

6 Und sollst fünfzig goldene Haken machen, womit man die Teppiche zusammenheftet, einen an den andern, auf daß es eine Wohnung werde.

7 Du sollst auch eine Decke aus Ziegenhaar machen zur Hütte über die Wohnung von elf Teppichen.

8 Die Länge eines Teppichs soll dreißig Ellen sein, die Breite aber vier Ellen, und sollen alle elf gleich groß sein.

9 Fünf sollst du aneinander fügen und sechs auch aneinander, daß du den sechsten Teppich zwiefältig machst vorn an der Hütte.

10 Und sollst an jegliches Stück fünfzig Schleifen machen am Rand, wo die Stücke sollen zusammengeheftet werden.

11 Und sollst fünfzig eherne Haken machen und die Haken in die Schleifen

tun, daß die Hütte zusammengefügt und eine Hütte werde.

12 Aber vom Überlangen an den Teppichen der Hütte sollst du einen halben Teppich lassen überhangen hinten an der Hütte

13 und auf beiden Seiten je eine Elle, daß das Überlange sei an der Hütte Seiten und auf beiden Seiten sie bedecke.

14 Über diese Decke sollst du eine Decke machen von rötlichen Widderfellen, dazu über sie eine Decke von Dachsfellen.

15 Du sollst auch Bretter machen zu der Wohnung von Akazienholz, die stehen sollen.

16 Zehn Ellen lang soll ein Brett sein und anderthalb Ellen breit.

17 Zwei Zapfen soll ein Brett haben, daß eins an das andere könne gesetzt werden. Also sollst du alle Bretter der Wohnung machen.

18 Ihrer zwanzig sollen stehen gegen Mittag.

19 Die sollen vierzig silberne Füße unten haben, je zwei Füße unter einem jeglichen Brett an seinen zwei Zapfen.

20 Also auf der andern Seite gegen Mitternacht sollen auch zwanzig Bretter stehen

21 und vierzig silberne Füße, je zwei Füße unter jeglichem Brett.

22 Aber hinten an der Wohnung gegen Abend sollst du sechs Bretter machen;

23 dazu zwei Bretter hinten an die zwei Ecken der Wohnung,

24 daß ein jegliches der beiden sich mit seinem Eckbrett von untenauf geselle und oben am Haupt gleich zusammenkomme mit einer Klammer;

25 daß es acht Bretter seien mit ihren silbernen Füßen, deren sollen sechzehn sein, je zwei unter einem Brett.

26 Und sollst Riegel machen von Akazienholz, fünf zu den Brettern auf einer Seite der Wohnung

27 und fünf zu den Brettern auf der andern Seite der Wohnung und fünf zu den Brettern hinten an der Wohnung gegen Abend.

28 Und sollst den mittleren Riegel mitten an den Brettern hindurchstoßen und alles zusammenfassen von einem Ende zu dem andern.

29 Und sollst die Bretter mit Gold überziehen und ihre Ringe von Gold machen, daß man die Riegel darein tue.

30 Und die Riegel sollst du mit Gold überziehen. Und also sollst du denn die Wohnung aufrichten nach der Weise, wie du gesehen hast auf dem Berge.

31 Du sollst einen Vorhang machen von blauem und rotem Purpur, Scharlach und gezwirnter weißer Leinwand; und sollst Cherubim daran machen von kunstreicher Arbeit.

32 Und sollst ihn hängen an vier Säulen von Akazienholz, die mit Gold überzogen sind und goldene Haken und vier silberne Füße haben.

33 Und sollst den Vorhang hängen unter die Haken, und die Lade des Zeugnisses innen hinter den Vorhang setzen, daß er euch eine Scheidewand sei zwischen dem Heiligen und dem Allerheiligsten.

34 Und sollst den Gnadenstuhl tun auf die Lade des Zeugnisses in dem Allerheiligsten.

35 Den Tisch aber setze außen vor den Vorhang und den Leuchter dem Tisch gegenüber, mittagswärts in der

Wohnung, daß der Tisch stehe gegen Mitternacht.

36 Und sollst ein Tuch machen in die Tür der Hütte, gewirkt von blauem und rotem Purpur, Scharlach und gezwirnter weißer Leinwand.

37 Und sollst dem Tuch fünf Säulen machen von Akazienholz, mit Gold überzogen, mit goldenen Haken, und sollst ihnen fünf eherne Füße gießen.

27. Kapitel

Vom Brandopferaltar,
Vorhof und heiligem Öl.

1 Du sollst einen Altar machen von Akazienholz, fünf Ellen lang und breit, daß er gleich viereckig sei, und drei Ellen hoch.

2 Hörner sollst du auf seinen vier Ecken machen und sollst ihn mit Erz überziehen.

3 Mache auch Aschentöpfe, Schaufeln, Becken, Gabeln, Kohlenpfannen; alle seine Geräte sollst du von Erz machen.

4 Du sollst auch ein ehernes Gitter

machen wie ein Netz und vier eherne Ringe an seine vier Enden.

5 Du sollst's aber von untenauf um den Altar machen, daß das Gitter reiche bis mitten an den Altar.

6 Und sollst auch Stangen machen zu dem Altar von Akazienholz, mit Erz überzogen.

7 Und man soll die Stangen in die Ringe tun, daß die Stangen seien an beiden Seiten des Altars, wenn man ihn trägt.

8 Und sollst ihn also von Brettern machen, daß er inwendig hohl sei, wie dir auf dem Berge gezeigt ist.

9 Du sollst auch der Wohnung einen Hof machen, einen Umhang von gezwirnter weißer Leinwand, auf einer Seite hundert Ellen lang, gegen Mittag,

10 und zwanzig Säulen auf zwanzig ehernen Füßen, und ihre Haken mit ihren Querstäben von Silber.

11 Also auch gegen Mitternacht soll sein ein Umhang, hundert Ellen lang, zwanzig Säulen auf zwanzig ehernen Füßen, und ihre Haken mit ihren Querstäben von Silber.

12 Aber gegen Abend soll die Breite des

Hofes haben einen Umhang, fünfzig Ellen lang, zehn Säulen auf zehn Füßen.

13 Gegen Morgen aber soll die Breite des Hofes haben fünfzig Ellen,

14 also daß der Umhang habe auf einer Seite fünfzehn Ellen, dazu drei Säulen auf drei Füßen,

15 und wieder fünfzehn Ellen auf der andern Seite, dazu drei Säulen auf drei Füßen;

16 aber im Tor des Hofes soll ein Tuch sein, zwanzig Ellen breit, gewirkt von blauem und rotem Purpur, Scharlach und gezwirnter weißer Leinwand, dazu vier Säulen auf ihren vier Füßen.

17 Alle Säulen um den Hof her sollen silberne Querstäbe und silberne Haken und eherne Füße haben.

18 Und die Länge des Hofes soll hundert Ellen sein, die Breite fünfzig Ellen, die Höhe fünf Ellen, von gezwirnter weißer Leinwand, und seine Füße sollen ehern sein.

19 Auch alle Geräte der Wohnung zu allerlei Amt und alle ihre Nägel und alle Nägel des Hofes sollen ehern sein.

20 Gebiete den Kindern Israel, daß sie

zu dir bringen das allerreinste, lautere Öl von Ölbäumen, gestoßen, zur Leuchte, daß man täglich Lampen aufsetze

21 in der Hütte des Stifts, außen vor dem Vorhang, der vor dem Zeugnis hängt. Und Aaron und seine Söhne sollen sie zurichten des Morgens und des Abends vor dem HERRN. Das soll euch eine ewige Weise sein auf eure Nachkommen unter den Kindern Israel.

28. Kapitel

Wahl und priesterliche Kleidung Aarons und seiner Söhne.

1 Du sollst Aaron, deinen Bruder, und seine Söhne zu dir nehmen aus den Kindern Israel, daß er mein Priester sei, nämlich Aaron und seine Söhne Nadab, Abihu, Eleasar und Ithamar.

2 Und sollst Aaron, deinen Bruder, heilige Kleider machen, die herrlich und schön seien.

3 Und du sollst reden mit allen, die eines weisen Herzens sind, die ich mit dem

Geist der Weisheit erfüllt habe, daß sie Aaron Kleider machen zu seiner Weihe, daß er mein Priester sei.

4 Das sind aber die Kleider, die sie machen sollen: das Amtschild, den Leibrock, Purpurrock, engen Rock, Hut und Gürtel. Also sollen sie heilige Kleider machen deinem Bruder Aaron und seinen Söhnen, daß er mein Priester sei.

5 Dazu sollen sie nehmen Gold, blauen und roten Purpur, Scharlach und weiße Leinwand.

6 Den Leibrock sollen sie machen von Gold, blauem und rotem Purpur, Scharlach und gezwirnter weißer Leinwand, kunstreich;

7 zwei Schulterstücke soll er haben, die zusammengehen an beiden Enden, und soll zusammengebunden werden.

8 Und sein Gurt darauf soll derselben Kunst und Arbeit sein, von Gold, blauem und rotem Purpur, Scharlach und gezwirnter weißer Leinwand.

9 Und sollst zwei Onyxsteine nehmen und darauf graben die Namen der Kinder Israel,

10 Auf jeglichen sechs Namen, nach der

Ordnung ihres Alters.

11 Das sollst du tun durch die Steinschneider, die da Siegel graben, also daß sie mit Gold umher gefaßt werden.

12 Und sollst sie auf die Schulterstücke des Leibrocks heften, daß es Steine seien zum Gedächtnis für die Kinder Israel, daß Aaron ihre Namen auf seinen beiden Schultern trage vor dem HERRN zum Gedächtnis.

13 Und sollst goldene Fassungen machen

14 und zwei Ketten von feinem Golde, mit zwei Enden, aber die Glieder ineinander hangend; und sollst sie an die Fassungen tun.

15 Das Amtschild sollst du machen nach der Kunst, wie den Leibrock, von Gold, blauem und rotem Purpur, Scharlach und gezwirnter weißer Leinwand.

16 Viereckig soll es sein und zwiefach; eine Spanne breit soll seine Länge sein und eine Spanne breit seine Breite.

17 Und sollst's füllen die vier Reihen voll Steine. Die erste Reihe sei ein Sarder, Topas, Smaragd;

18 die andere ein Rubin, Saphir, Demant;

19 die dritte ein Lynkurer, Achat, Amethyst;

20 die vierte ein Türkis, Onyx, Jaspis. In Gold sollen sie gefaßt sein in allen Reihen

21 und sollen nach den zwölf Namen der Kinder Israel stehen, gegraben vom Steinschneider, daß auf einem jeglichen ein Namen stehe nach den zwölf Stämmen.

22 Und sollst Ketten zu dem Schild machen mit zwei Enden, aber die Glieder ineinander hangend, von feinem Golde,

23 und zwei goldene Ringe an das Schild, also daß du die zwei Ringe heftest an zwei Ecken des Schildes,

24 und die zwei goldenen Ketten in die zwei Ringe an den beiden Ecken des Schildes tust.

25 Aber die zwei Enden der zwei Ketten sollst du an die zwei Fassungen tun und sie heften auf die Schulterstücke am Leibrock vornehin.

26 Und sollst zwei andere goldene Ringe machen und an die zwei Ecken des Schildes heften an seinem Rand, inwendig gegen den Leibrock.

27 Und sollst abermals zwei goldene Ringe machen und sie unten an die zwei Schulterstücke vorn am Leibrock heften, wo der Leibrock zusammengeht, oben über dem Gurt des Leibrocks.

28 Und man soll das Schild mit seinen Ringen mit einer blauen Schnur an die Ringe des Leibrocks knüpfen, daß es über dem Gurt des Leibrocks hart anliege und das Schild sich nicht vom Leibrock losmache.

29 Also soll Aaron die Namen der Kinder Israel tragen in dem Amtschild auf seinem Herzen, wenn er in das Heilige geht, zum Gedächtnis vor dem HERRN allezeit.

30 Und sollst in das Amtschild tun Licht und Recht, daß sie auf dem Herzen Aarons seien, wenn er eingeht vor den HERRN, daß er trage das Amt der Kinder Israel auf seinem Herzen vor dem HERRN allewege.

31 Du sollst auch einen Purpurrock unter dem Leibrock machen ganz von blauem Purpur.

32 Und oben mitteninne soll ein Loch sein und eine Borte um das Loch her

zusammengefaltet, daß er nicht zerreiße.

33 Und unten an seinen Saum sollst du Granatäpfel machen von blauem und rotem Purpur und Scharlach um und um und zwischen dieselben goldene Schellen auch um und um,

34 daß eine goldene Schelle sei, darnach ein Granatapfel und wieder eine goldene Schelle und wieder ein Granatapfel, um und um an dem Saum des Purpurrocks.

35 Und Aaron soll ihn anhaben, wenn er dient, daß man seinen Klang höre, wenn er aus und eingeht in das Heilige vor dem HERRN, auf daß er nicht sterbe.

36 Du sollst auch ein Stirnblatt machen von feinem Golde und darauf ausgraben, wie man die Siegel ausgräbt: Heilig dem HERRN.

37 Und sollst's heften an eine blaue Schnur vorn an den Hut,

38 auf der Stirn Aarons, daß also Aaron trage die Missetat des Heiligen, das die Kinder Israel heiligen in allen Gaben ihrer Heiligung; und es soll allewege an seiner Stirn sein, daß er sie versöhne vor dem HERRN.

39 Du sollst auch einen engen Rock machen von weißer Leinwand und einen Hut von weißer Leinwand machen und einen gestickten Gürtel.

40 Und den Söhnen Aarons sollst du Röcke, Gürtel und Hauben machen, die herrlich und schön seien.

41 Und sollst sie deinem Bruder Aaron samt seinen Söhnen anziehen; und sollst sie salben und ihre Hände füllen und sie weihen, daß sie meine Priester seien.

42 Und sollst ihnen leinene Beinkleider machen, zu bedecken die Blöße des Fleisches von den Lenden bis an die Hüften.

43 Und Aaron und seine Söhne sollen sie anhaben, wenn sie in die Hütte des Stifts gehen oder hinzutreten zum Altar, daß sie dienen in dem Heiligtum, daß sie nicht ihre Missetat tragen und sterben müssen. Das soll ihm und seinem Stamm nach ihm eine ewige Weise sein.

29. Kapitel

Weihe der Priester und des Altars.
Tägliches Opfer.

1 Das ist's auch, was du ihnen tun sollst, daß sie mir zu Priestern geweiht werden. Nimm einen jungen Farren und zwei Widder ohne Fehl,

2 ungesäuertes Brot und ungesäuerte Kuchen, mit Öl gemengt, und ungesäuerte Fladen, mit Öl gesalbt; von Weizenmehl sollst du solches alles machen.

3 Und sollst es in einen Korb legen und in dem Korbe herzubringen samt dem Farren und den zwei Widdern.

4 Und sollst Aaron und seine Söhne vor die Tür der Hütte des Stifts führen und mit Wasser waschen

5 und die Kleider nehmen und Aaron anziehen den engen Rock und den Purpurrock und den Leibrock und das Schild zu dem Leibrock, und sollst ihn gürten mit dem Gurt des Leibrocks

6 und den Hut auf sein Haupt setzen und die heilige Krone an den Hut.

7 Und sollst nehmen das Salböl und auf sein Haupt schütten und ihn salben.

8 Und seine Söhne sollst du auch herzuführen und den engen Rock ihnen anziehen

9 und beide, Aaron und auch sie, mit Gürteln gürten und ihnen die Hauben aufbinden, daß sie das Priestertum haben zu ewiger Weise. Und sollst Aaron und seinen Söhnen die Hände füllen,

10 und den Farren herzuführen vor die Hütte des Stifts; und Aaron und seine Söhne sollen ihre Hände auf des Farren Haupt legen.

11 Und du sollst den Farren schlachten vor dem HERRN, vor der Tür der Hütte des Stifts.

12 Und sollst von seinem Blut nehmen und auf des Altars Hörner tun mit deinem Finger und alles andere Blut an des Altars Boden schütten.

13 Und sollst alles Fett nehmen am Eingeweide und das Netz über der Leber und die zwei Nieren mit dem Fett, das darüber liegt, und sollst es auf dem Altar anzünden.

14 Aber des Farren Fleisch, Fell und Mist

sollst du draußen vor dem Lager verbrennen; denn es ist ein Sündopfer.

15 Aber den einen Widder sollst du nehmen, und Aaron und seine Söhne sollen ihre Hände auf sein Haupt legen.

16 Dann sollst du ihn schlachten und sein Blut nehmen und auf den Altar sprengen ringsherum.

17 Aber den Widder sollst du zerlegen in Stücke, und seine Eingeweide und Schenkel waschen, und sollst es auf seine Stücke und sein Haupt legen

18 und den ganzen Widder anzünden auf dem Altar; denn es ist dem HERRN ein Brandopfer, ein süßer Geruch, ein Feuer des HERRN.

19 Den andern Widder aber sollst du nehmen, und Aaron und seine Söhne sollen ihre Hände auf sein Haupt legen;

20 und sollst ihn schlachten und von seinem Blut nehmen und Aaron und seinen Söhnen auf den rechten Ohrknorpel tun und auf ihre Daumen ihrer rechten Hand und auf die große Zehe ihres rechten Fußes; und sollst das Blut auf den Altar sprengen ringsherum.

21 Und sollst von dem Blut auf dem Altar

nehmen und vom Salböl, und Aaron und seine Kleider, seine Söhne und ihre Kleider besprengen; so wird er und seine Kleider, seine Söhne und ihre Kleider geweiht.

22 Darnach sollst du nehmen das Fett von dem Widder, den Schwanz und das Fett am Eingeweide, das Netz über der Leber und die zwei Nieren mit dem Fett darüber und die rechte Schulter (denn es ist ein Widder der Füllung),

23 und ein Brot und einen Ölkuchen und einen Fladen aus dem Korbe des ungesäuerten Brots, der vor dem HERRN steht;

24 und lege alles auf die Hände Aarons und seiner Söhne und webe es dem HERRN.

25 Darnach nimm's von ihren Händen und zünde es an auf dem Altar zu dem Brandopfer, zum süßen Geruch vor dem HERRN; denn das ist ein Feuer des HERRN.

26 Und sollst die Brust nehmen vom Widder der Füllung Aarons und sollst sie dem HERRN weben. Das soll dein Teil sein.

27 Und sollst also heiligen die Webebrust und die Hebeschulter, die gewebt und gehebt sind von dem Widder der Füllung Aarons und seiner Söhne.

28 Und das soll Aarons und seiner Söhne sein ewigerweise von den Kindern Israel; denn es ist ein Hebopfer. Und eine Hebe soll es sein, von den Kindern Israel von ihrem Dankopfern, ihre Hebe für den HERRN.

29 Aber die heiligen Kleider Aarons sollen seine Söhne haben nach ihm, daß sie darin gesalbt und ihre Hände gefüllt werden.

30 Welcher unter seinen Söhnen an seiner Statt Priester wird, der soll sie sieben Tage anziehen, daß er gehe in die Hütte des Stifts, zu dienen im Heiligen.

31 Du sollst aber nehmen den Widder der Füllung, und sein Fleisch an einem heiligen Ort kochen.

32 Und Aaron mit seinen Söhnen soll des Widders Fleisch essen samt dem Brot im Korbe vor der Tür der Hütte des Stifts.

33 Denn es ist zur Versöhnung damit geschehen, zu füllen ihre Hände, daß sie

geweiht werden. Kein andrer soll es essen; denn es ist heilig.

34 Wo aber etwas übrigbleibt von dem Fleisch der Füllung und von dem Brot bis an den Morgen, das sollst du mit Feuer verbrennen und nicht essen lassen; denn es ist heilig.

35 Und sollst also mit Aaron und seinen Söhnen tun alles, was ich dir geboten habe. Sieben Tage sollst du ihre Hände füllen

36 und täglich einen Farren zum Sündopfer schlachten zur Versöhnung. Und sollst den Altar entsündigen, wenn du ihn versöhnst, und sollst ihn salben, daß er geweiht werde.

37 Sieben Tage sollst du den Altar versöhnen und ihn weihen, daß er sei ein Hochheiliges. Wer den Altar anrühren will, der ist dem Heiligtum verfallen.

38 Und das sollst du mit dem Altar tun: zwei jährige Lämmer sollst du allewege des Tages darauf opfern,

39 Ein Lamm des Morgens, das andere gegen Abend;

40 Und zu einem Lamm ein zehntel Semmelmehl, gemengt mit einem Viertel

von einem Hin (7) gestoßenen Öls, und ein Viertel vom Hin Wein zum Trankopfer.

41 Mit dem andern Lamm gegen Abend sollst du tun wie mit dem Speisopfer und Trankopfer des Morgens, zu süßem Geruch, ein Feuer dem Herrn.

42 Das ist das tägliche Brandopfer bei euren Nachkommen vor der Tür der Hütte des Stifts, vor dem HERRN, da ich mich euch bezeugen und mit dir reden will.

43 Daselbst will ich mich den Kindern Israel bezeugen und geheiligt werden in meiner Herrlichkeit.

[Ein regelmäßiges Brandopfer soll bei euch sein von Geschlecht zu Geschlecht vor dem Herrn am Eingang des Offenbarungszeltes, wo ich mit euch in Verkehr treten werde, um dort mit dir zu reden. Ich will nämlich dort mit den Israeliten in Verkehr treten. (8)]

44 So will ich die Hütte des Stifts mit dem Altar heiligen und Aaron und seine Söhne mir zu Priestern weihen.

45 Und will unter den Kindern Israel wohnen und ihr Gott sein,

46 daß sie wissen sollen, ich sei der HERR, ihr Gott, der sie aus Ägyptenland führte, daß ich unter ihnen wohne, ich, der HERR, Ihr Gott.

30. Kapitel

Räucheraltar, Steuer zum Heiligtum,
ehernes Becken, Salböl und Räcuherwerk.

1 Du sollst auch einen Räuchaltar machen, zu räuchern, von Akazienholz,

2 eine Elle lang und breit, gleich viereckig und zwei Ellen hoch, mit seinen Hörnern.

3 Und sollst ihn mit feinem Golde überziehen, sein Dach und seine Wände ringsumher und seine Hörner. Und sollst einen Kranz von Gold machen

4 und zwei goldene Ringe unter dem Kranz zu beiden Seiten, daß man Stangen darein tue und ihn damit trage.

5 Die Stangen sollst du auch von Akazienholz machen und mit Gold überziehen.

6 Und sollst ihn setzen vor den Vorhang,

der vor der Lade des Zeugnisses hängt, und vor dem Gnadenstuhl, der auf dem Zeugnis ist, wo ich mich dir bezeugen werde.

7 Und Aaron soll darauf räuchern gutes Räuchwerk alle Morgen, wenn er die Lampen zurichtet.

8 Desgleichen, wenn er die Lampen anzündet gegen Abend, soll er solch Räuchwerk auch räuchern. Das soll das tägliche Räuchopfer sein vor dem HERRN bei euren Nachkommen.

9 Ihr sollt kein fremdes Räuchwerk darauf tun, auch kein Brandopfer noch Speisopfer und kein Trankopfer darauf opfern.

10 Und Aaron soll auf seinen Hörnern versöhnen einmal im Jahr mit dem Blut des Sündopfers zur Versöhnung. Solche Versöhnung soll jährlich einmal geschehen bei euren Nachkommen; denn das ist dem HERRN ein Hochheiliges.

11 Und der HERR redete mit Mose und sprach:

12 Wenn du die Häupter der Kinder Israel zählst, so soll ein jeglicher dem

HERRN geben die Versöhnung seiner Seele, auf daß ihnen nicht eine Plage widerfahre, wenn sie gezählt werden.

13 Es soll aber ein jeglicher, der in der Zahl ist, einen halben Silberling geben nach dem Lot des Heiligtums (ein Lot hat zwanzig Gera). Solcher halber Silberling soll das Hebopfer des HERRN sein.

14 Wer in der Zahl ist von zwanzig Jahren und darüber, der soll solch Hebopfer dem HERRN geben.

15 Der Reiche soll nicht mehr geben und der Arme nicht weniger als den halben Silberling, den man dem HERRN zur Hebe gibt für die Versöhnung ihre Seelen.

16 Und du sollst solch Geld der Versöhnung nehmen von den Kindern Israel und zum Gottesdienst der Hütte des Stifts geben, daß es sei den Kindern Israel ein Gedächtnis vor dem HERRN, daß er sich über ihre Seelen versöhnen lasse.

17 Und der HERR redete mit Mose und sprach:

18 Du sollst auch ein ehernes Handfaß machen mit einem ehernen Fuß, zum Waschen, und sollst es setzen zwischen

die Hütte des Stifts und den Altar, und Wasser darein tun,

19 daß Aaron und seine Söhne ihre Hände und Füße darin waschen,

20 wenn sie in die Hütte des Stifts gehen oder zum Altar, daß sie dienen, ein Feuer anzuzünden dem HERRN,

21 auf daß sie nicht sterben. Das soll eine ewige Weise sein ihm und seinem Samen bei ihren Nachkommen.

22 Und der HERR redete mit Mose und sprach:

23 Nimm zu dir die beste Spezerei: die edelste Myrrhe, fünfhundert Lot, und Zimt, die Hälfte soviel, zweihundertfünfzig, und Kalmus, auch zweihundertfünfzig,

24 und Kassia, fünfhundert, nach dem Lot des Heiligtums, und Öl vom Ölbaum ein Hin.

25 Und mache ein heiliges Salböl nach der Kunst des Salbenbereiters.

26 Und sollst damit salben die Hütte des Stifts und die Lade des Zeugnisses,

27 den Tisch mit allem seinem Geräte, den Leuchter mit seinem Geräte, den Räucheraltar,

28 den Brandopferaltar mit allem seinem

Geräte und das Handfaß mit seinem Fuß.

29 Und sollst sie also weihen, daß sie hochheilig seien; denn wer sie anrühren will, der ist dem Heiligtum verfallen.

30 Aaron und seine Söhne sollst du auch salben und sie mir zu Priestern weihen.

31 Und sollst mit den Kindern Israel reden und sprechen: Dies Öl soll mir eine heilige Salbe sein bei euren Nachkommen.

32 Auf Menschenleib soll's nicht gegossen werden, sollst auch seinesgleichen nicht machen; denn es ist heilig, darum soll's euch heilig sein.

33 Wer ein solches macht oder einem andern davon gibt, der soll von seinem Volk ausgerottet werden.

34 Und der HERR sprach zu Mose: Nimm dir Spezerei; Balsam, Stakte, Galban und reinen Weihrauch, von einem so viel wie vom andern,

35 und mache Räuchwerk daraus, nach der Kunst des Salbenbereiters gemengt, daß es rein und heilig sei.

36 Und du sollst es zu Pulver stoßen und sollst davon tun vor das Zeugnis in der Hütte des Stifts, wo ich mich dir bezeugen

werde. Das soll euch ein Hochheiliges sein.

37 Und desgleichen Räuchwerk sollt ihr euch nicht machen, sondern es soll dir heilig sein dem HERRN.

38 Wer ein solches machen wird, der wird ausgerottet werden von seinem Volk.

31. Kapitel

Bestellung der Wekmeister Bezaleel und Oholiab. Sabbatfeier. Gesetzestafeln.

1 Und der HERR redete mit Mose und sprach:

2 Siehe, ich habe mit Namen berufen Bezaleel, den Sohn Uris, des Sohnes Hur, vom Stamme Juda,

3 und habe ihn erfüllt mit dem Geist Gottes, mit Weisheit und Verstand und Erkenntnis und mit allerlei Geschicklichkeit,

4 kunstreich zu arbeiten an Gold, Silber, Erz,

5 kunstreich Steine zu schneiden und

einzusetzen, und kunstreich zu zimmern am Holz, zu machen allerlei Werk.

6 Und siehe, ich habe ihm zugegeben Oholiab, den Sohn Ahisamachs, vom Stamme Dan; und habe allerlei Weisen die Weisheit ins Herz gegeben, daß sie machen sollen alles, was ich dir geboten habe:

7 die Hütte des Stifts, die Lade des Zeugnisses, den Gnadenstuhl darauf und alle Geräte der Hütte,

8 den Tisch und sein Gerät, den feinen Leuchter und all sein Gerät, den Räucheraltar,

9 den Brandopferaltar mit allem seinem Geräte, das Handfaß mit seinem Fuß,

10 die Amtskleider und die heiligen Kleider des Priesters Aaron und die Kleider seiner Söhne, priesterlich zu dienen,

11 das Salböl und das Räuchwerk von Spezerei zum Heiligtum. Alles, was ich dir geboten habe, werden sie machen.

12 Und der HERR redete mit Mose und sprach:

13 Sage den Kindern Israel und sprich: Haltet meinen Sabbat; denn derselbe ist

ein Zeichen zwischen mir und euch auf euren Nachkommen, daß ihr wisset, daß ich der HERR bin, der euch heiligt.

14 Darum so haltet meinen Sabbat; denn er soll euch heilig sein. Wer ihn entheiligt, der soll des Todes sterben. Denn wer eine Arbeit da tut, des Seele soll ausgerottet werden von seinem Volk.

15 Sechs Tage soll man arbeiten; aber am siebenten Tag ist Sabbat, die heilige Ruhe des HERRN. Wer eine Arbeit tut am Sabbattag, der soll des Todes sterben.

16 Darum sollen die Kinder Israel den Sabbat halten, daß sie ihn auch bei ihren Nachkommen halten zum ewigen Bund.

17 Er ist ein ewiges Zeichen zwischen mir und den Kindern Israel. Denn in sechs Tagen machte der HERR Himmel und Erde; aber am siebenten Tage ruhte er und erquickte sich.

18 Und da der HERR ausgeredet hatte mit Mose auf dem Berge Sinai, gab er ihm zwei Tafeln des Zeugnisses; die waren beschrieben mit dem Finger Gottes.

32. Kapitel

*Das goldene Kalb. Mose's Eifer für Gott
und Fürbitte für das Volk.*

1 Da aber das Volk sah, daß Mose verzog, von dem Berge zu kommen, sammelte sich's wider Aaron und sprach zu ihm: Auf, mache uns Götter, die vor uns her gehen! Denn wir wissen nicht, was diesem Mann Mose widerfahren ist, der uns aus Ägyptenland geführt hat.

2 Aaron sprach zu ihnen: Reißt ab die goldenen Ohrenringe an den Ohren eurer Weiber, eurer Söhne und eurer Töchter und bringet sie zu mir.

3 Da riß alles Volk seine goldenen Ohrenringe von ihren Ohren, und brachten sie zu Aaron.

4 Und er nahm sie von ihren Händen und entwarf's mit einem Griffel und machte ein gegossenes Kalb. Und sie sprachen: Das sind deine Götter, Israel, die dich aus Ägyptenland geführt haben!

5 Da das Aaron sah, baute er einen Altar vor ihm und ließ ausrufen und sprach: Morgen ist des HERRN Fest.

6 Und sie standen des Morgens früh auf und opferten Brandopfer und brachten dazu Dankopfer. Darnach setzte sich das Volk, zu essen und zu trinken, und standen auf zu spielen.

7 Der HERR aber sprach zu Mose: Gehe, steig hinab; denn dein Volk, das du aus Ägyptenland geführt hast, hat's verderbt.

8 Sie sind schnell von dem Wege getreten, den ich ihnen geboten habe. Sie haben sich ein gegossenes Kalb gemacht und haben's angebetet und ihm geopfert und gesagt: Das sind deine Götter, Israel, die dich aus Ägyptenland geführt haben.

9 Und der HERR sprach zu Mose: Ich sehe, daß es ein halsstarriges Volk ist.

10 Und nun laß mich, daß mein Zorn über sie ergrimme und sie vertilge; so will ich dich zum großen Volk machen.

11 Mose aber flehte vor dem HERRN, seinem Gott, und sprach: Ach HERR, warum will dein Zorn ergrimmen über dein Volk, das du mit großer Kraft und starker Hand hast aus Ägyptenland geführt?

12 Warum sollen die Ägypter sagen und sprechen: Er hat sie zu ihrem Unglück

ausgeführt, daß er sie erwürgte im Gebirge und vertilgte vom Erdboden? Kehre dich von dem Grimm deines Zornes und laß dich gereuen des Übels über dein Volk.

13 Gedenke an deine Diener Abraham, Isaak und Israel, denen du bei dir selbst geschworen und verheißen hast: Ich will euren Samen mehren wie die Sterne am Himmel, und alles Land, das ich euch verheißen habe, will ich eurem Samen geben, und sie sollen's besitzen ewiglich.

14 Also gereute den HERRN das Übel, das er drohte seinem Volk zu tun.

15 Mose wandte sich und stieg vom Berge und hatte zwei Tafeln des Zeugnisses in seiner Hand, die waren beschrieben auf beiden Seiten.

16 Und Gott hatte sie selbst gemacht und selber die Schrift eingegraben.

17 Da nun Josua hörte des Volks Geschrei, daß sie jauchzten, sprach er zu Mose: Es ist ein Geschrei im Lager wie im Streit.

18 Er antwortete: Es ist nicht ein Geschrei gegeneinander derer, die obliegen und unterliegen, sondern ich

höre ein Geschrei eines Singetanzes.

19 Als er aber nahe zum Lager kam und das Kalb und den Reigen sah, ergrimmte er mit Zorn und warf die Tafeln aus seiner Hand und zerbrach sie unten am Berge

20 und nahm das Kalb, das sie gemacht hatten, und zerschmelzte es mit Feuer und zermalmte es zu Pulver und stäubte es aufs Wasser und gab's den Kindern Israel zu trinken

21 und sprach zu Aaron: Was hat dir das Volk getan, daß du eine so große Sünde über sie gebracht hast?

22 Aaron sprach: Mein Herr lasse seinen Zorn nicht ergrimmen. Du weißt, daß dies Volk böse ist.

23 Sie sprachen zu mir: Mache uns Götter, die vor uns her gehen; denn wir wissen nicht, wie es diesem Manne Mose geht, der uns aus Ägyptenland geführt hat.

24 Ich sprach zu ihnen: Wer Gold hat, der reiß es ab und gebe es mir. Und ich warf's ins Feuer; daraus ist das Kalb geworden.

25 Da nun Mose sah, daß das Volk zuchtlos geworden war (denn Aaron

hatte sie zuchtlos gemacht, zum Geschwätz bei ihren Widersachern),

26 trat er an das Tor des Lagers und sprach: Her zu mir, wer dem HERRN angehört! Da sammelten sich zu ihm alle Kinder Levi.

27 Und er sprach zu ihnen: So spricht der HERR, der Gott Israels: Gürte ein jeglicher sein Schwert um seine Lenden und durchgehet hin und zurück von einem Tor zum andern das Lager, und erwürge ein jeglicher seinen Bruder, Freund und Nächsten.

28 Die Kinder Levi taten, wie ihnen Mose gesagt hatte; und fielen des Tages vom Volk dreitausend Mann.

29 Da sprach Mose: Füllet heute eure Hände dem HERRN, ein jeglicher an seinem Sohn und Bruder, daß heute über euch der Segen gegeben werde.

30 Des Morgens sprach Mose zum Volk: Ihr habt eine große Sünde getan; nun will ich hinaufsteigen zu dem HERRN, ob ich vielleicht eure Sünde versöhnen möge.

31 Als nun Mose wieder zum HERRN kam, sprach er: Ach, das Volk hat eine große Sünde getan, und sie haben sich

goldene Götter gemacht.

32 Nun vergib ihnen ihre Sünde; wo nicht, so tilge mich auch aus deinem Buch, das du geschrieben hast.

33 Der HERR sprach zu Mose: Was? Ich will den aus meinem Buch tilgen, der an mir sündigt.

34 So gehe nun hin und führe das Volk, dahin ich dir gesagt habe. Siehe, mein Engel soll vor dir her gehen. Ich werde ihre Sünde wohl heimsuchen, wenn meine Zeit kommt heimzusuchen.

35 Also strafte der HERR das Volk, daß sie das Kalb hatten gemacht, welches Aaron gemacht hatte.

33. Kapitel

Mose bittet für das gedemütigte Volk und begehrt des Herrn Herrlichkeit zu sehen.

1 Der HERR sprach zu Mose: Gehe, ziehe von dannen, du und das Volk, das du aus Ägyptenland geführt hast, in das Land, das ich Abraham, Isaak und Jakob geschworen habe und gesagt: Deinem

Samen will ich's geben;

2 und ich will vor dir her senden einen Engel und ausstoßen die Kanaaniter, Amoriter, Hethiter, Pheresiter, Heviter und Jebusiter,

3 dich zu bringen in das Land, darin Milch und Honig fließt. Ich will nicht mit dir hinaufziehen, denn du bist ein halsstarriges Volk; ich möchte dich unterwegs vertilgen.

4 Da das Volk diese böse Rede hörte, trugen sie Leid, und niemand trug seinen Schmuck an sich.

5 Und der HERR sprach zu Mose: Sage zu den Kindern Israel: Ihr seid ein halsstarriges Volk. Wo ich nur einen Augenblick mit dir hinaufzöge, würde ich dich vertilgen. Und nun lege deinen Schmuck von dir, daß ich wisse, was ich dir tun soll.

6 Also taten die Kinder Israel ihren Schmuck von sich vor dem Berge Horeb.

7 Mose aber nahm die Hütte und schlug sie auf draußen, ferne vom Lager, und hieß sie eine Hütte des Stifts [und nannte es Offenbarungszelt (9)]. Und wer den HERRN fragen wollte, mußte

herausgehen zur Hütte des Stifts vor das Lager. [Jeder, der Gott fragen wollte, ging zu dem Offenbarungszelt hinaus. (10)]

8 Und wenn Mose ausging zur Hütte so stand alles Volk auf und trat ein jeglicher in seiner Hütte Tür und sahen ihm nach, bis er in die Hütte kam.

9 Und wenn Mose in die Hütte kam, so kam die Wolkensäule hernieder und stand in der Hütte Tür und redete mit Mose. [Sobald dann Mose in das Zelt getreten war, senkte sich die Wolkensäule herab und nahm ihren Stand am Eingang des Zeltes, so lange der Herr mit Mose redete. (11)]

10 Und alles Volk sah die Wolkensäule in der Hütte Tür stehen, und standen auf und neigten sich, ein jeglicher in seiner Hütte Tür.

11 Der HERR aber redete mit Mose von Angesicht zu Angesicht, wie ein Mann mit seinem Freunde redet. Und wenn er wiederkehrte zum Lager, so wich sein Diener Josua, der Sohn Nuns, der Jüngling, nicht aus der Hütte.

[7 Mose aber nahm jedesmal das Zelt und schlug es für den Herrn außerhalb des Lagers auf und nannte es Offenbarungszelt. Sooft nun jemand den Herrn befragen wollte, ging er zu dem Offenbarungszelt hinaus, das außerhalb des Lagers lag.

8 Wenn aber Mose selbst zu dem Zelt hinausging, so standen alle Leute auf und traten ein jeden an den Eingang seines Zeltes und blickten hinter Mose her.

9 Sobald dann Mose eingetreten war, senkte sich die Wolkensäule herab und nahm ihren Stand am Eingang des Zeltes, solange der Herr mit Mose redete.

10 Wenn nun das ganze Volk die Wolkensäule am Eingang des Zeltes stehen sah, erhob sich das ganze Volk und jeder warf sich am Eingang seines Zeltes nieder.

11 Der HERR aber redete mit Mose von Angesicht zu Angesicht, wie jemand mit seinem Freunde redet. Mose kehrte dann wieder in das Lager zurück, während sein Diener Josua, der Sohn Nuns, ein juger Mann, das Zelt nicht verließ. (12)]

12 Und Mose sprach zu dem HERRN: Siehe, du sprichst zu mir: Führe das Volk hinauf! und läßt mich nicht wissen, wen

du mit mir senden willst, so du doch gesagt hast: Ich kenne dich mit Namen, und du hast Gnade vor meinen Augen gefunden.

13 Habe ich denn Gnade vor deinen Augen gefunden, so laß mich deinen Weg wissen, damit ich dich kenne und Gnade vor deinen Augen finde. Und siehe doch, daß dies Volk dein Volk ist.

14 Er sprach: Mein Angesicht soll vorangehen; damit will ich dich leiten.

15 Er aber sprach zu ihm: Wo nicht dein Angesicht vorangeht, so führe uns nicht von dannen hinauf.

16 Denn wobei soll doch erkannt werden, daß ich und dein Volk vor deinen Augen Gnade gefunden haben, außer wenn du mit uns gehst, auf daß ich und dein Volk gerühmt werden vor allem Volk, das auf dem Erdboden ist?

17 Der HERR sprach zu Mose: Was du jetzt geredet hast, will ich auch tun; denn du hast Gnade vor meinen Augen gefunden, und ich kenne dich mit Namen.

18 Er aber sprach: So laß mich deine Herrlichkeit sehen.

19 Und er sprach: Ich will vor deinem

Angesicht alle meine Güte vorübergehen lassen und will ausrufen des HERRN Namen vor dir. Wem ich aber gnädig bin, dem bin ich gnädig; und wes ich mich erbarme, des erbarme ich mich.

20 Und sprach weiter: Mein Angesicht kannst du nicht sehen; denn kein Mensch wird leben, der mich sieht.

21 Und der HERR sprach weiter: Siehe, es ist ein Raum bei mir; da sollst du auf dem Fels stehen.

22 Wenn denn nun meine Herrlichkeit vorübergeht, will ich dich in der Felskluft lassen stehen und meine Hand ob dir halten, bis ich vorübergehe.

23 Und wenn ich meine Hand von dir tue, wirst du mir hintennach sehen; aber mein Angesicht kann man nicht sehen.

34. Kapitel

*Neue Gesetztafeln. Gottes Erscheinung.
Bundeserneuerung.
Mose's glänzendes Angesicht.*

1 Und der HERR sprach zu Mose: Haue

dir zwei steinerne Tafeln, wie die ersten waren, daß ich die Worte darauf schreibe, die auf den ersten Tafeln waren, welche du zerbrochen hast.

2 Und sei morgen bereit, daß du früh auf den Berg Sinai steigest und daselbst zu mir tretest auf des Berges Spitze.

3 Und laß niemand mit dir hinaufsteigen, daß niemand gesehen werde um den ganzen Berg her; auch kein Schaf noch Rind laß weiden gegen diesen Berg hin.

4 Und Mose hieb zwei steinerne Tafeln, wie die ersten waren, und stand des Morgens früh auf und stieg auf den Berg Sinai, wie ihm der HERR geboten hatte, und nahm die zwei steinernen Tafeln in seine Hand.

5 Da kam der HERR hernieder in einer Wolke und trat daselbst zu ihm und rief aus des HERRN Namen.

6 Und der HERR ging vor seinem Angesicht vorüber und rief: HERR, HERR, GOTT, barmherzig und gnädig und geduldig und von großer Gnade und Treue!

7 der da bewahrt Gnade in tausend Glieder und vergibt Missetat, Übertretung

und Sünde, und vor welchem niemand unschuldig ist; der die Missetat der Väter heimsucht auf Kinder und Kindeskinder bis ins dritte und vierte Glied.

8 Und Mose neigte sich eilend zu der Erde und betete an

9 und sprach: Habe ich, HERR, Gnade vor deinen Augen gefunden, so gehe der HERR mit uns; denn es ist ein halstarriges Volk, daß du unsrer Missetat und Sünde gnädig seist und lassest uns dein Erbe sein.

10 Und er sprach: Siehe, ich will einen Bund machen vor allem deinem Volk und will Wunder tun, dergleichen nicht geschaffen sind in allen Landen und unter allen Völkern, und alles Volk, darunter du bist, soll sehen des HERRN Werk; denn wunderbar soll sein, was ich bei dir tun werde.

11 Halte, was ich dir heute gebiete. Siehe, ich will vor dir her ausstoßen die Amoriter, Kanaaniter, Hethiter, Pheresiter, Heviter und Jebusiter.

12 Hüte dich, daß du nicht einen Bund machest mit den Einwohnern des Landes, da du hineinkommst, daß sie dir nicht ein

Fallstrick unter dir werden;

13 sondern ihre Altäre sollst du umstürzen und ihre Götzen zerbrechen und ihre Haine ausrotten;

14 denn du sollst keinen andern Gott anbeten. Denn der HERR heißt ein Eiferer; ein eifriger Gott ist er.

15 Daß du nicht einen Bund mit des Landes Einwohnern machest, und wenn sie ihren Göttern nachlaufen und opfern ihren Göttern, sie dich nicht laden und du von ihrem Opfer essest,

16 und daß du nehmest deinen Söhnen ihre Töchter zu Weibern und dieselben dann ihren Göttern nachlaufen und machen deine Söhne auch ihren Göttern nachlaufen.

17 Du sollst dir keine gegossenen Götter machen.

18 Das Fest der ungesäuerten Brote sollst du halten. Sieben Tage sollst du ungesäuertes Brot essen, wie ich dir geboten habe, um die Zeit des Monats Abib; denn im Monat Abib bist du aus Ägypten gezogen.

19 Alles, was die Mutter bricht, ist mein; was männlich sein wird in deinem Vieh,

das seine Mutter bricht, es sei Ochse oder Schaf.

20 Aber den Erstling des Esels sollst du mit einem Schaf lösen. Wo du es aber nicht lösest, so brich ihm das Genick. Alle Erstgeburt unter deinen Söhnen sollst du lösen. Und daß niemand vor mir leer erscheine!

21 Sechs Tage sollst du arbeiten; am siebenten Tage sollst du feiern, mit Pflügen und mit Ernten.

22 Das Fest der Wochen sollst du halten mit den Erstlingen der Weizenernte, und das Fest der Einsammlung, wenn das Jahr um ist.

23 Dreimal im Jahr soll alles, was männlich ist, erscheinen vor dem Herrscher, dem HERRN und Gott Israels.

24 Wenn ich die Heiden vor dir ausstoßen und deine Grenze erweitern werde, soll niemand deines Landes begehren, die weil du hinaufgehst dreimal im Jahr, zu erscheinen vor dem HERRN, deinem Gott.

25 Du sollst das Blut meines Opfers nicht opfern neben gesäuertem Brot, und das Opfer des Osterfestes soll nicht über

Nacht bleiben bis an den Morgen.

26 Die Erstlinge von den Früchten deines Ackers sollst du in das Haus des HERRN, deines Gottes, bringen. Du sollst das Böcklein nicht kochen in seiner Mutter Milch.

27 Und der HERR sprach zu Mose: Schreib diese Worte: denn nach diesen Worten habe ich mit dir und mit Israel einen Bund gemacht.

28 Und er war allda bei dem HERRN vierzig Tage und vierzig Nächte und aß kein Brot und trank kein Wasser. Und er schrieb auf die Tafeln die Worte des Bundes, die Zehn Worte.

29 Da nun Mose vom Berge Sinai ging, hatte er die zwei Tafeln des Zeugnisses in seiner Hand und wußte nicht, daß die Haut seines Angesichts glänzte davon, daß er mit ihm geredet hatte.

30 Und da Aaron und alle Kinder Israel sahen, daß die Haut seines Angesichts glänzte, fürchteten sie sich, zu ihm zu nahen.

31 Da rief sie Mose; und sie wandten sich zu ihm, Aaron und alle Obersten der Gemeinde; und er redete mit ihnen.

32 Darnach nahten alle Kinder Israel zu ihm. Und er gebot ihnen alles, was der HERR mit ihm geredet hatte auf dem Berge Sinai.

33 Und da er solches alles mit ihnen geredet hatte, legte er eine Decke auf sein Angesicht.

34 Und wenn er hineinging vor den HERRN, mit ihm zu reden, tat er die Decke ab, bis er wieder herausging. Und wenn er herauskam und redete mit den Kindern Israel, was ihm geboten war,

35 so sahen dann die Kinder Israel sein Angesicht an, daß die Haut seines Angesichts glänzte; so tat er wieder die Decke auf sein Angesicht, bis er wieder hineinging, mit ihm zu reden.

35. Kapitel

Sabbat. Freiwillige Steuer zur Stiftshütte. Berufung der Werkmeister.

1 Und Mose versammelte die ganze Gemeinde der Kinder Israel und sprach zu ihnen: Das ist's, was der HERR geboten

hat, das ihr tun sollt:

2 Sechs Tage sollt ihr arbeiten; den siebenten Tag aber sollt ihr heilig halten als einen Sabbat der Ruhe des HERRN. Wer an dem arbeitet, soll sterben.

3 Ihr sollt kein Feuer anzünden am Sabbattag in allen euren Wohnungen.

4 Und Mose sprach zu der ganzen Gemeinde der Kinder Israel: Das ist's, was der HERR geboten hat:

5 Gebt unter euch ein Hebopfer dem HERRN, also daß das Hebopfer des HERRN ein jeglicher willig bringe, Gold, Silber, Erz,

6 blauen und roten Purpur, Scharlach, weiße Leinwand und Ziegenhaar,

7 rötliche Widderfelle, Dachsfelle und Akazienholz,

8 Öl zur Lampe und Spezerei zur Salbe und zu gutem Räuchwerk,

9 Onyxsteine und eingefaßte Steine zum Leibrock und zum Amtschild.

10 Und wer unter euch verständig ist, der komme und mache, was der HERR geboten hat:

11 nämlich die Wohnung mit ihrer Hütte und Decke, Haken, Brettern, Riegeln,

Säulen und Füßen;

12 die Lade mit ihren Stangen, den Gnadenstuhl und Vorhang;

13 den Tisch mit seinen Stangen und allem seinem Geräte und die Schaubrote;

14 den Leuchter, zu leuchten, und sein Gerät und seine Lampen und das Öl zum Licht;

15 den Räucheraltar mit seinen Stangen, die Salbe und Spezerei zum Räuchwerk; das Tuch vor der Wohnung Tür;

16 den Brandopferaltar mit seinem ehernen Gitter, Stangen und allem seinem Geräte; das Handfaß mit seinem Fuße;

17 den Umhang des Vorhofs mit seinen Säulen und Füßen und das Tuch des Tors am Vorhof;

18 die Nägel der Wohnung und des Vorhofs mit ihren Seilen;

19 die Kleider des Amts zum Dienst im Heiligen, die heiligen Kleider Aarons, des Priesters, mit den Kleidern seiner Söhne zum Priestertum.

20 Da ging die ganze Gemeinde der Kinder Israel aus von Mose.

21 Und alle, die es gern und willig

gaben, kamen und brachten das Hebopfer dem HERRN zum Werk der Hütte des Stifts und zu allem ihren Dienst und zu den heiligen Kleidern.

22 Es brachten aber beide, Mann und Weib, wer's willig tat, Spangen, Ohrringe, Ringe und Geschmeide und allerlei goldenes Gerät. Dazu brachte jedermann Gold zum Webeopfer dem HERRN.

23 Und wer bei sich fand blauen und roten Purpur, Scharlach, weiße Leinwand, Ziegenhaar, rötliche Widderfelle und Dachsfelle, der brachte es.

24 Und wer Silber und Erz hob, der brachte es zur Hebe dem HERRN. Und wer Akazienholz bei sich fand, der brachte es zu allerlei Werk des Gottesdienstes.

25 Und welche verständige Weiber waren, die spannen mit ihren Händen und brachten ihr Gespinnst, blauen und roten Purpur, Scharlach und weiße Leinwand.

26 Und welche Weiber solche Arbeit konnten und willig dazu waren, die spannen Ziegenhaare.

27 Die Fürsten aber brachten Onyxsteine und eingefaßte Steine zum

Leibrock und zum Schild

28 und Spezerei und Öl zu den Lichtern und zur Salbe und zum guten Räuchwerk.

29 Also brachte die Kinder Israel willig, beide, Mann und Weib, zu allerlei Werk, das der HERR geboten hatte durch Mose, daß man's machen sollte.

30 Und Mose sprach zu den Kindern Israel: Sehet, der HERR hat mit Namen berufen den Bezaleel, den Sohn Uris, des Sohnes Hur, vom Stamme Juda,

31 und hat ihn erfüllt mit dem Geist Gottes, daß er weise, verständig, geschickt sei zu allerlei Werk,

32 kunstreich zu arbeiten an Gold, Silber und Erz,

33 Edelsteine zu schneiden und einzusetzen, Holz zu zimmern, zu machen allerlei kunstreiche Arbeit.

34 Und hat ihm ins Herz gegeben, zu unterweisen, ihm und Oholiab, dem Sohn Ahisamachs, vom Stamme Dan.

35 Er hat ihr Herz mit Weisheit erfüllt, zu machen allerlei Werk, zu schneiden, zu wirken und zu sticken mit blauem und rotem Purpur, Scharlach und weißer Leinwand, und mit Weben, daß sie

machen allerlei Werk und kunstreiche Arbeit erfinden.

36. Kapitel

Freigebigkeit des Volks. Bau des Heiligtums.

1 Da arbeiteten Bezaleel und Oholiab und alle weisen Männer, denen der HERR Weisheit und Verstand gegeben hatte, zu wissen, wie sie allerlei Werk machen sollten zum Dienst des Heiligtums, nach allem, was der HERR geboten hatte.

2 Und Mose berief den Bezaleel und Oholiab und alle weisen Männer, denen der HERR Weisheit gegeben hatte in ihr Herz, alle, die sich freiwillig erboten und hinzutraten, zu arbeiten an dem Werke.

3 Und sie nahmen zu sich von Mose alle Hebe, die die Kinder Israel brachten zu dem Werke des Dienstes des Heiligtums, daß es gemacht würde. Denn sie brachten alle Morgen ihre willige Gabe zu ihm.

4 Da kamen alle Weisen, die am Werk des Heiligtums arbeiteten, ein jeglicher

von seinem Werk, das sie machten,

5 und sprachen zu Mose: Das Volk bringt zu viel, mehr denn zum Werk dieses Dienstes not ist, das der HERR zu machen geboten hat.

6 Da gebot Mose, daß man rufen ließ durchs Lager: Niemand tue mehr zur Hebe des Heiligtums. Da hörte das Volk auf zu bringen.

7 Denn des Dinges war genug zu allerlei Werk, das zu machen war, und noch übrig.

8 Also machten alle weisen Männer unter den Arbeitern am Werk die Wohnung, zehn Teppiche von gezwirnter weißer Leinwand, blauem und rotem Purpur und Scharlach, und Cherubim daran von kunstreicher Arbeit.

9 Die Länge eines Teppichs war achtundzwanzig Ellen und die Breite vier Ellen, und waren alle in einem Maß.

10 Und er fügte je fünf Teppiche zu einem Stück zusammen, einen an den andern.

11 Und machte blaue Schleifen an jegliches Stück am Rande, wo die zwei Stücke sollten zusammengeheftet

werden,

12 fünfzig Schleifen an jegliches Stück, daß eine Schleife der anderen gegenüberstünde.

13 Und machte fünfzig goldene Haken und heftete die Teppiche mit den Haken einen an den andern zusammen, daß es eine Wohnung würde.

14 Und er machte elf Teppiche von Ziegenhaaren, zur Hütte über die Wohnung,

15 dreißig Ellen lang und vier Ellen breit, alle in einem Maß.

16 Und fügte ihrer fünf zusammen auf einen Teil und sechs zusammen auf den andern Teil.

17 Und machte fünfzig Schleifen an jegliches Stück am Rande, wo die Stücke sollten zusammengeheftet werden.

18 Und machte je fünfzig eherne Haken, daß die Hütte damit zusammen in eins gefügt würde.

19 Und machte eine Decke über die Hütte von rötlichen Widderfellen und über die noch eine Decke von Dachsfellen.

20 Und machte Bretter zur Wohnung von Akazienholz, die stehen sollten,

21 ein jegliches zehn Ellen lang und anderthalb Ellen breit

22 und an jeglichem zwei Zapfen, damit eins an das andere gesetzt würde. Also machte er alle Bretter zur Wohnung,

23 daß der Bretter zwanzig gegen Mittag standen.

24 Und machte vierzig silberne Füße darunter, unter jeglich Brett zwei Füße an seine zwei Zapfen.

25 Also zur andern Seite der Wohnung, gegen Mitternacht, machte er auch zwanzig Bretter

26 mit vierzig silbernen Füßen, unter jeglichem Brett zwei Füße.

27 Aber hinten an der Wohnung, gegen Abend, machte er sechs Bretter

28 und zwei andere hinten an den zwei Ecken der Wohnung,

29 daß ein jegliches der beiden sich mit seinem Eckbrett von untenauf gesellte und oben am Haupt zusammenkäme mit einer Klammer,

30 daß der Bretter acht würden und sechzehn silberne Füße, unter jeglichem

zwei Füße.

31 Und er machte Riegel von Akazienholz, fünf zu den Brettern auf der einen Seite der Wohnung

32 und fünf auf der andern Seite und fünf hintenan, gegen Abend.

33 Und machte den mittleren Riegel, daß er mitten an den Brettern hindurchgestoßen würde von einem Ende zum andern.

34 Und überzog die Bretter mit Gold; aber ihre Ringe machte er von Gold, daß man die Riegel darein täte, und überzog die Riegel mit Gold.

35 Und machte den Vorhang mit dem Cherubim daran künstlich von blauem und rotem Purpur, Scharlach und gezwirnter weißer Leinwand.

36 Und machte zu demselben vier Säulen von Akazienholz und überzog sie mit Gold, und ihre Haken von Gold; und goß dazu vier silberne Füße.

37 Und machte ein Tuch in der Tür der Hütte von blauem und rotem Purpur, Scharlach und gezwirnter weißer Leinwand, gestickt,

38 und fünf Säulen dazu mit ihren Haken, und überzog ihre Köpfe und Querstäbe mit Gold und fünf eherne Füße daran.

37. Kapitel

Geräte des Heiligtums

1 Und Bezaleel machte die Lade von Akazienholz, dritthalb Ellen lang, anderthalb Ellen breit und hoch,

2 und überzog sie mit feinem Golde inwendig und auswendig und machte ihr einen goldenen Kranz umher.

3 Und goß vier goldene Ringe an ihre vier Ecken, auf jeglicher Seite zwei.

4 Und machte Stangen von Akazienholz und überzog sie mit Gold

5 und tat sie in die Ringe an der Lade Seiten, daß man sie tragen konnte.

6 Und machte den Gnadenstuhl von feinem Golde, dritthalb Ellen lang und anderthalb Ellen breit.

7 Und machte zwei Cherubim von getriebenem Golde an die zwei Enden des Gnadenstuhls,

8 einen Cherub an diesem Ende, den andern an jenem Ende.

9 Und die Cherubim breiteten ihre Flügel aus von obenher und deckten damit den Gnadenstuhl; und ihre Antlitze standen gegeneinander und sahen auf den Gnadenstuhl.

10 Und er machte den Tisch von Akazienholz, zwei Ellen lang, eine Elle breit und anderthalb Ellen hoch,

11 und überzog ihn mit feinem Golde und machte ihm einen goldenen Kranz umher.

12 Und machte ihm eine Leiste umher, eine Handbreit hoch, und machte einen goldenen Kranz um die Leiste her.

13 Und goß dazu vier goldene Ringe und tat sie an die vier Ecken an seinen vier Füßen,

14 hart an der Leiste, daß die Stangen darin wären, daran man den Tisch trüge.

15 Und machte die Stangen von Akazienholz und überzog sie mit Gold, daß man den Tisch damit trüge.

16 Und machte auch von feinem Golde das Gerät auf den Tisch: Schüsseln und Löffel, Kannen und Schalen, darin man

das Trankopfer darbrächte.

17 Und er machte den Leuchter von feinem, getriebenem Golde. Daran war der Schaft mit Röhren, Schalen, Knäufen und Blumen.

18 Sechs Röhren gingen zu seinen Seiten aus, zu jeglicher Seite drei Röhren.

19 Drei Schalen waren an jeglichem Rohr mit Knäufen und Blumen.

20 An dem Leuchter aber waren vier Schalen mit Knäufen und Blumen,

21 je ein Knauf unter zwei von den sechs Röhren, die aus ihm gingen,

22 und die Knäufe und Röhren gingen aus ihm, und war alles aus getriebenem, feinem Gold.

23 Und machte die sieben Lampen mit ihren Lichtschnäuzen und Löschnäpfen von feinem Gold.

24 Aus einem Zentner feinen Goldes machte er ihn und all sein Gerät.

25 Er machte auch den Räucheraltar von Akazienholz, eine Elle lang und breit, gleich viereckig, und zwei Ellen hoch, mit seinen Hörnern,

26 und überzog ihn mit feinem Golde, sein Dach und seine Wände ringsumher

und seine Hörner, und machte ihm einen Kranz umher von Gold

27 und zwei goldene Ringe unter dem Kranz zu beiden Seiten, daß man Stangen darein täte und ihn damit trüge.

28 Aber die Stangen machte er von Akazienholz und überzog sie mit Gold.

29 Und er machte die heilige Salbe und Räuchwerk von reiner Spezerei nach der Kunst des Salbenbereiters.

38. Kapitel

Der Vorhof und sein Gott. Summe des Goldes, Silbers und Erzes.

1 Und er machte den Brandopferaltar von Akazienholz, fünf Ellen lang und breit, gleich viereckig, und drei Ellen hoch.

2 Und machte vier Hörner, die aus ihm gingen auf seinen vier Ecken, und überzog sie mit Erz.

3 Und machte allerlei Geräte zu dem Altar: Aschentöpfe, Schaufeln, Becken, Gabeln, Kohlenpfannen, alles aus Erz.

4 Und machte am Altar ein Gitter wie ein

Netz von Erz umher, von untenauf bis an die Hälfte des Altars.

5 Und goß vier Ringe an die vier Enden des ehernen Gitters für die Stangen.

6 Dieselben machte er aus Akazienholz und überzog sie mit Erz

7 und tat sie in die Ringe an den Seiten des Altars, daß man ihn damit trüge; und machte ihn inwendig hohl.

8 Und machte ein Handfaß von Erz und seinen Fuß auch von Erz aus Spiegeln der Weiber, die vor der Tür der Hütte des Stifts dienten.

9 Und er machte den Vorhof: Gegen Mittag mit einem Umhang, hundert Ellen lang, von gezwirnter weißer Leinwand,

10 mit seinen zwanzig Säulen und zwanzig Füßen von Erz, aber ihre Haken und Querstäbe von Silber;

11 desgleichen gegen Mitternacht hundert Ellen mit zwanzig Säulen und zwanzig Füßen von Erz, aber ihre Haken und Querstäbe von Silber;

12 gegen Abend aber fünfzig Ellen mit zehn Säulen und zehn Füßen, aber ihre Haken und Querstäbe von Silber;

13 gegen Morgen auch fünfzig Ellen;

14 fünfzehn Ellen auf einer Seite mit drei Säulen und drei Füßen,

15 und auf der andern Seite auch fünfzehn Ellen mit drei Säulen und drei Füßen, daß ihrer so viele waren an der einen Seite des Tors am Vorhofe als an der andern.

16 Alle Umhänge des Vorhofs waren von gezwirnter weißer Leinwand

17 und die Füße der Säulen von Erz und ihre Haken und Querstäbe von Silber, also daß ihre Köpfe überzogen waren mit Silber. Und ihre Querstäbe waren silbern an allen Säulen des Vorhofs.

18 Und das Tuch in dem Tor des Vorhofs machte er gestickt von blauem und rotem Purpur, Scharlach und gezwirnter weißer Leinwand, zwanzig Ellen lang und fünf Ellen hoch, nach dem Maß der Umhänge des Vorhofs.

19 Dazu vier Säulen und vier Füße von Erz, und ihre Haken von Silber und ihre Köpfe und ihre Querstäbe überzogen mit Silber.

20 Und alle Nägel der Wohnung und des Vorhofs ringsherum waren von Erz.

21 Das ist nun die Summe zu der

Wohnung des Zeugnisses, die gezählt ward, wie Mose geboten hatte, durch den Dienst der Leviten unter der Hand Ithamars, des Sohnes Aarons, des Priesters.

22 Bezaleel, der Sohn Uris, des Sohnes Hur, vom Stamme Juda, machte alles, wie der HERR dem Mose geboten hatte,

23 und mit ihm Oholiab, der Sohn Ahisamachs, vom Stamme Dan, ein Meister zu schneiden, zu wirken und zu sticken mit blauem und rotem Purpur, Scharlach und weißer Leinwand.

24 Alles Gold, das verarbeitet ist in diesem ganzen Werk des Heiligtums, das zum Webeopfer gegeben ward, ist neunundzwanzig Zentner siebenhundertunddreißig Lot nach dem Lot des Heiligtums.

25 Des Silbers aber, das von der Gemeinde kam, war hundert Zentner tausendsiebenhundertfünfzig Lot nach dem Lot des Heiligtums:

26 so manch Haupt, so manch halbes Lot nach dem Lot des Heiligtums, von allen, die gezählt wurden von zwanzig Jahren an und darüber, sechshundert mal

tausend   dreitausendfünfhundertund-
fünfzig.

27 Aus den hundert Zentnern Silber goß man die Füße des Heiligtums und die Füße des Vorhangs, hundert Füße aus hundert Zentnern, je einen Zentner zum Fuß.

28 Aber aus tausend siebenhundert und fünfundsiebzig Loten wurden gemacht der Säulen Haken, und ihre Köpfe überzogen und ihre Querstäbe.

29 Das Webeopfer aber des Erzes war siebzig Zentner zweitausendvierhundert Lot.

30 Daraus wurden gemacht die Füße in der Tür der Hütte des Stifts und der eherne Altar und das eherne Gitter daran und alle Geräte des Altars,

31 dazu   die   Füße   des   Vorhofs ringsherum und die Füße des Tores am Vorhofe, alle Nägel der Wohnung und alle Nägel des Vorhofs ringsherum.

39. Kapitel

Priesterliche Kleider und Schmuck.
Mose segnet das vollendete Werk.

1 Aber von dem blauen und roten Purpur und dem Scharlach machten sie Aaron Amtskleider, zu dienen im Heiligtum, wie der HERR Mose geboten hatte.

2 Und er machte den Leibrock von Gold, blauem und rotem Purpur, Scharlach und gezwirnter weißer Leinwand.

3 Und sie schlugen das Gold und schnitten's zu Faden, daß man's künstlich wirken konnte unter den blauen und roten Purpur, Scharlach und weiße Leinwand.

4 Schulterstücke machten sie an ihm, die zusammengingen, und an beiden Enden ward er zusammengebunden.

5 Und sein Gurt war nach derselben Kunst und Arbeit von Gold, blauem und rotem Purpur, Scharlach und gezwirnter weißer Leinwand, wie der HERR dem Mose geboten hatte.

6 Und sie machten zwei Onyxsteine,

umher gefaßt mit Gold, gegraben durch die Steinschneider mit den Namen der Kinder Israel;

7 und er heftete sie auf die Schulterstücke des Leibrocks, daß es Steine seien zum Gedächtnis der Kinder Israel, wie der HERR dem Mose geboten hatte.

8 Und sie machten das Schild (Brustschild, Orakelschild) nach der Kunst und dem Werk des Leibrocks von Gold, blauem und rotem Purpur, Scharlach und gezwirnter weißer Leinwand,

9 daß es viereckig und zwiefach war, eine Spanne lang und breit.

10 Und füllten es mit vier Reihen Steinen: die erste Reihe war ein Sarder, Topas und Smaragd;

11 die andere ein Rubin, Saphir und Demant;

12 die dritte ein Lynkurer, Achat und Amethyst;

13 die vierte ein Türkis, Onyx und Jaspis, umher gefaßt mit Gold in allen Reihen.

14 Und die Steine standen nach den zwölf Namen der Kinder Israel, gegraben durch die Steinschneider, daß auf einem

jeglichen ein Name stand nach den zwölf Stämmen.

15 Und sie machten am Schild (Brustschild, Orakelschild) Ketten mit zwei Enden von feinem Golde

16 und zwei goldene Fassungen und zwei goldene Ringe und hefteten die zwei Ringe auf die zwei Ecken des Schildes.

17 Und die zwei goldenen Ketten taten sie in die zwei Ringe auf den Ecken des Schildes (Brustschild, Orakelschild).

18 Aber die zwei Enden der Ketten taten sie an die zwei Fassungen und hefteten sie auf die Schulterstücke des Leibrocks vornehin.

19 Und machten zwei andere goldene Ringe und hefteten sie an die zwei andern Ecken des Schildes an seinen Rand, inwendig gegen den Leibrock.

20 Und sie machten zwei andere goldene Ringe, die taten sie unten an die zwei Schulterstücke vorn am Leibrock, wo er zusammengeht, oben über dem Gurt des Leibrocks,

21 daß das Schild mit seinen Ringen an die Ringe des Leibrocks geknüpft würde mit einer blauen Schnur, daß es über

dem Gurt des Leibrocks hart anläge und nicht vom Leibrock los würde, wie der HERR dem Mose geboten hatte.

22 Und machte einen Purpurrock zum Leibrock, gewirkt, ganz von blauem Purpur,

23 und sein Loch oben mitteninne und eine Borte ums Loch her gefaltet, daß er nicht zerrisse.

24 Und sie machten an seinen Saum Granatäpfel von blauem und rotem Purpur, Scharlach und gezwirnter weißer Leinwand.

25 Und machten Schellen von feinem Golde; die taten sie zwischen die Granatäpfel ringsumher am Saum des Purpurrocks,

26 je ein Granatapfel und eine Schelle um und um am Saum, darin zu dienen, wie der HERR dem Mose geboten hatte.

27 Und sie machten auch die engen Röcke, von weißer Leinwand gewirkt, Aaron und seinen Söhnen,

28 und den Hut von weißer Leinwand und die schönen Hauben von weißer Leinwand und Beinkleider von gezwirnter weißer Leinwand

29 und den gestickten Gürtel von gezwirnter weißer Leinwand, blauem und rotem Purpur und Scharlach, wie der HERR dem Mose geboten hatte.

30 Sie machten auch das Stirnblatt, die heilige Krone, von feinem Gold, und gruben Schrift darein: Heilig dem HERRN.

31 Und banden eine blaue Schnur daran, daß sie an den Hut von obenher geheftet würde, wie der HERR dem Mose geboten hatte.

[Es bildete den wichtigsten Gegenstand beim Befragen Gottes, und war daher mit Recht mit der Inschrift versehen 'dem HERRN geweiht'. (13)]

32 Also ward vollendet das ganze Werk der Wohnung der Hütte des Stifts. Und die Kinder Israel taten alles, was der HERR dem Mose geboten hatte.

33 Und sie brachten die Wohnung zu Mose: die Hütte und alle ihre Geräte, Haken, Bretter, Riegel, Säulen, Füße,

34 die Decke von rötlichen Widderfellen, die Decke von Dachsfellen und den Vorhang;

35 die Lade des Zeugnisses mit ihren Stangen, den Gnadenstuhl;

36 den Tisch und alle seine Geräte und die Schaubrote;

37 den schönen Leuchter mit den Lampen zubereitet und allem seinen Geräte und Öl zum Licht;

38 den Goldenen Altar und die Salbe und gutes Räuchwerk; das Tuch in der Hütte Tür;

39 den ehernen Altar und sein ehernes Gitter mit seinen Stangen und allem seinem Geräte; das Handfaß mit seinem Fuß;

40 die Umhänge des Vorhofs mit seinen Säulen und Füßen; das Tuch im Tor des Vorhofs mit seinen Seilen und Nägeln und allem Gerät zum Dienst der Wohnung der Hütte des Stifts;

41 die Amtskleider des Priesters Aaron, zu dienen im Heiligtum, und die Kleider seiner Söhne, daß sie Priesteramt täten.

42 Alles, wie der HERR dem Mose geboten hatte, taten die Kinder Israel an allem diesem Dienst.

43 Und Mose sah an all dies Werk; und siehe, sie hatten es gemacht, wie der HERR geboten hatte. Und er segnete sie.

40. Kapitel

Aufrichtung und Einweihung der Stiftshütte;
die Herrlichkeit des Herrn
erfüllt die Wohnung.

1 Und der HERR redete mit Mose und sprach:

2 Du sollst die Wohnung der Hütte des Stifts aufrichten am ersten Tage des ersten Monats.

3 und sollst darein setzen die Lade des Zeugnisses und vor die Lade den Vorhang hängen.

4 Und sollst den Tisch darbringen und ihn zubereiten und den Leuchter darstellen und die Lampen darauf setzen.

5 Und sollst den goldenen Räucheraltar setzen vor die Lade des Zeugnisses und das Tuch in der Tür der Wohnung aufhängen.

6 Den Brandopferaltar aber sollst du setzen heraus vor die Tür der Wohnung der Hütte des Stifts,

7 und das Handfaß zwischen die Hütte des Stifts und den Altar, und Wasser darein tun,

8 und den Vorhof stellen umher, und das Tuch in der Tür des Vorhofs aufhängen.

9 Und sollst die Salbe nehmen, und die Wohnung und alles, was darin ist, salben; und sollst sie weihen mit allem ihrem Geräte, daß sie heilig sei.

10 Und sollst den Brandopferaltar salben mit allem seinem Geräte, und weihen, daß er hochheilig sei.

11 Sollst auch das Handfaß und seinen Fuß salben und weihen.

12 Und sollst Aaron und seine Söhne vor die Tür der Hütte des Stifts führen und mit Wasser waschen,

13 und Aaron die heiligen Kleider anziehen und ihn salben und weihen, daß er mein Priester sei;

14 und seine Söhne auch herzuführen und ihnen die engen Röcke anziehen,

15 und sie salben, wie du ihren Vater gesalbt hast, daß sie meine Priester seien. Und diese Salbung sollen sie haben zum ewigen Priestertum bei ihren Nachkommen.

16 Und Mose tat alles, wie ihm der HERR geboten hatte.

17 Also ward die Wohnung aufgerichtet

im zweiten Jahr, am ersten Tage des ersten Monats.

18 Und da Mose sie aufrichtete, setzte er die Füße und die Bretter und Riegel und richtete die Säulen auf

19 und breitete die Hütte aus über der Wohnung und legte die Decke der Hütte obendarauf, wie der HERR ihm geboten hatte,

20 und nahm das Zeugnis und legte es in die Lade und tat die Stangen an die Lade und tat den Gnadenstuhl oben auf die Lade

21 und brachte die Lade in die Wohnung und hing den Vorhang vor die Lade des Zeugnisses, wie ihm der HERR geboten hatte,

22 und setzte den Tisch in die Hütte des Stifts, an die Seite der Wohnung gegen Mitternacht, außen vor den Vorhang,

23 und richtete Brot darauf zu vor dem HERRN, wie ihm der HERR geboten hatte,

24 und setzte den Leuchter auch hinein, gegenüber dem Tisch, an die Seite der Wohnung gegen Mittag,

25 und tat Lampen darauf vor dem HERRN, wie ihm der HERR geboten hatte,

26 und setzte den goldenen Altar hinein vor den Vorhang

27 und räucherte darauf mit gutem Räuchwerk, wie ihm der HERR geboten hatte,

28 und hing das Tuch in die Tür der Wohnung.

29 Aber den Brandopferaltar setzte er vor die Tür der Wohnung der Hütte des Stifts und opferte darauf Brandopfer und Speisopfer, wie ihm der HERR geboten hatte.

30 Und das Handfaß setzte er zwischen die Hütte des Stifts und den Altar und tat Wasser darein zum Waschen.

31 Und Mose, Aaron und seine Söhne wuschen ihre Hände und Füße darin.

32 Denn sie müssen sich waschen, wenn sie in die Hütte des Stifts gehen oder hinzutreten zum Altar, wie ihm der HERR geboten hatte.

33 Und er richtete den Vorhof auf um die Wohnung und um den Altar her und hing den Vorhang in das Tor des Vorhofs. Also vollendete Mose das ganze Werk.

34 Da bedeckte die Wolke die Hütte des Stifts, und die Herrlichkeit des HERRN

füllte die Wohnung.

35 Und Mose konnte nicht in die Hütte des Stifts gehen, weil die Wolke darauf blieb und die Herrlichkeit des HERRN die Wohnung füllte.

36 Und wenn die Wolke sich aufhob von der Wohnung, so zogen die Kinder Israel, solange sie reisten.

37 Wenn sich aber die Wolke nicht aufhob, so zogen sie nicht bis an den Tag, da sie sich aufhob.

38 Denn die Wolke des HERRN war des Tages auf der Wohnung, und des Nachts war sie feurig vor den Augen des ganzen Hauses Israel, solange sie reisten.

Anhang und Register

(1) Gomer - Hohlmaß

(2) Epha - Volumenmaß

(3) vergl. unterschiedliche Bibelübersetzungen, siehe auch: Der Verkehr mit der Geisterwelt Gottes, seine Gesetze und sein Zweck

(4) vergl. unterschiedliche Bibelübersetzungen, siehe auch: Der Verkehr mit der Geisterwelt Gottes, seine Gesetze und sein Zweck

(5) vergl. unterschiedliche Bibelübersetzungen, siehe auch: Der Verkehr mit der Geisterwelt Gottes, seine Gesetze und sein Zweck

(6) vergl. unterschiedliche Bibelübersetzungen, siehe auch: Der Verkehr mit der Geisterwelt Gottes, seine Gesetze und sein Zweck

(7) Hin - Maßeinheit

(8) vergl. unterschiedliche Bibelübersetzungen, siehe auch: Der Verkehr mit der Geisterwelt Gottes, seine Gesetze und sein Zweck

(9) vergl. unterschiedliche Bibelübersetzungen, siehe auch: Der Verkehr mit der Geisterwelt

Gottes, seine Gesetze und sein Zweck

(10) vergl. unterschiedliche Bibelübersetzungen, siehe auch: Der Verkehr mit der Geisterwelt Gottes, seine Gesetze und sein Zweck

(11) vergl. unterschiedliche Bibelübersetzungen, siehe auch: Der Verkehr mit der Geisterwelt Gottes, seine Gesetze und sein Zweck

(12) vergl. unterschiedliche Bibelübersetzungen, siehe auch: Der Verkehr mit der Geisterwelt Gottes, seine Gesetze und sein Zweck

(13) vergl. unterschiedliche Bibelübersetzungen, siehe auch: Der Verkehr mit der Geisterwelt Gottes, seine Gesetze und sein Zweck